新型コロナ禍本番の今!!

職業会計人として中小企業を全力で守り切ろう!

今こそ利他の心で経営者の寄り添いザムライたれ!!

税理士
経営管理士　神野宗介

はじめに —— 記帳代行型会計事務所に明日はない!!

日本は、この先どうなっていくのか。

私は、日々危機感を募らせています。

最も危機と感じるのは、日本全体に危機感がないことです。

危機感のない危機。

私が所属する税理士・職業会計人業界にも、それを強く感じています。

新型コロナ禍で、我々の職域である中小企業がバタバタと潰れていく現実を、あなたはどう捉えているでしょうか。

しかも、菅（すが）政権による中小企業改革で、200万社淘汰の方針が出されているのです。

我々の職域である中小企業が半分になるということです。

職業会計人として、これを危機だと言わずしてなんと言えばよいでしょうか。

危機は、それだけではありません。

中小企業は、日本の企業全体の99・7%を占めています。

労働人口数で言えば、約70%・4000万人が中小企業で働いています。

中小企業は、日本を支えている集団なのです。

その中小企業が、200万社も淘汰されたらどうなるでしょう⁉

それは、我々の職域を失うばかりでなく、国家としても一大事となるでしょう！


そのおおもとにある原因は、8割が赤字という中小企業の現実です。

そこに襲ってきたのが新型コロナです。

コロナ禍の今、中小企業は生死の中にあるのです。


これを「赤字なら仕方がない」と、片付けられますか。

私には、できません。

職業会計人は、中小企業を守り国家を支える社会的、国家的使命を担っている7万人の集団なのです。


なぜ8割もの中小企業が赤字なのでしょうか。

我々が使命を果たしていれば、赤字率はもっと減少しているはずです。

はっきり申し上げれば、記帳代行の事務屋で食べている職業会計人が、まだまだ多くいるということです。

記帳代行では、顧問先を守ることはできません。守ることができなければ、自分の職域を失うことになります。記帳代行に、明日はないということです。

コロナは、そのことを明らかにしました。

もう一つコロナには、重要な示唆があると私は受け止めています。

記帳代行から脱皮するのは、今しかないということです。

なぜならコロナ禍は、我々にとって大ピンチだからです。

大ピンチは、今までのやり方ではやっていけない。

生きていくには、大変革するしかないのです。

それに気づけば、大ピンチは変革の大チャンスになるのです。

職業会計人の変革とは、事務屋の記帳代行から中小企業を守る経営指導型事務所に生まれ変わることです。

それが職業会計人としての、あるべき姿ではないでしょうか。

具体的に、どう取り組んでいけばいいのか。

その心構えと、私共事務所の取り組みを参考に書かせてもらいました。

それを一言で言うと――本文中で詳しく述べますが――寄り添いザムライになることです。

寄り添いザムライになって中小企業を守り、国を支え、自らの事務所を防衛するのです。

そのためには、事務所を大変身することに全力投球する。それによって、誇りとやり甲斐が間違いなく生まれるものと確信します!!

職業会計人として、そして国家を支える指導者集団として、共に中小企業を守り切ろうではありませんか?!

神野宗介

令和3年4月吉日

目次

新型コロナ禍本番の今!!
職業会計人として中小企業を全力で守り切ろう！

第3章　改革して欲しい職業会計人の現状を知ろう!!

第4章　職業会計人として「指導者足り得るか」を自らに問おう!!

第1章　中小企業２００万社淘汰の現実

コロナ禍と国の改革で中小企業は淘汰の危機

新型コロナウイルス感染拡大は、世界を混乱させています。

日本でも、いつ終息するのか、その目途は立っていません。

それだけではなく、コロナの影響はむしろこれからが本番であり、感染拡大が終息したとしても、日本の経済はもっと厳しい状態になると私は予測しています。


コロナ禍の中、中小企業は本当に苦しんでいます。

令和3年はその本番となり、バタバタと潰れる現実を目の当たりにすることになるでしょう。

中小企業の倒産は、職業会計人にとって他人事ではありません。

我々の大事な職域だからです。

中小企業の倒産は、我々事務所の危機でもあります。


問題はコロナだけではありません。

ご存じのことだと思いますが、菅（すが）政権が進める中小企業改革で、200万社の中小企業が淘汰されるというのです。

コロナで苦しむ中小企業が、国の改革によって、倒産がさらに加速される。

まさに生きるか、死ぬかの状況に中小企業は追い込まれています。

私は、「中小企業が元気にならなければ、日本に明日はない！」と一貫して言い続けてきました。

それは、中小企業が日本を支えていると思っているからです。

はじめにでも書きましたが、中小企業は、日本の企業全体の、99・7％を占めています。

労働人口数で言えば、約7割、約4000万人が中小企業で働いています。

まさに中小企業は、日本を支えているのです。

その中小企業が、200万社淘汰される。

このことを、あなたはどう思われますか。

職業会計人にとって、直接関わる重大問題です。

なぜ中小企業は、コロナの影響だけではなく、国の方針としても倒産の危機に追い込まれているのでしょうか。

コロナは、そのことを職業会計人に問うていると私は思っています。

みなさんは、中小企業が追い込まれている原因は何だと思われますか。

中小企業の約8割が慢性的赤字という現実

コロナ禍の中、中小企業はまさに存続できるかどうかの瀬戸際に立たされています。

廃業、倒産、職業会計人でなくても分かるほど現実に起きています。


当然、経済活動には好景気もあれば不景気もあります。

新型コロナ禍もまた、景気を左右する一要因に過ぎないと考えれば、わざわざ私が「中小企業が倒産に追い込まれている原因は何か」と職業会計人に問う必要はありません。

景気が良くなるまで待てばいいからです。


しかし、100年に一度と言われる新型コロナによる景気悪化は、そんな楽観的な考えで済まされるわけがありません。

むしろ、景気はもっと厳しくなると捉えるべきです。

その中でも、生き残る中小企業はあります。

釈迦に説法でしょうが、経済的に力がある会社、黒字会社です。

会社は黒字であることが、正常であり健全ということです。

では、日本の中小企業の実態はどうでしょうか。

約8割が赤字です。

赤字会社は、何も手を打たなければ、いずれ倒産するという倒産予備群です。

景気が悪化すれば、予備群から倒産していくのは誰もが分かります。


そうです。

中小企業が倒産の危機に追い込まれている原因は、赤字ということです。

しかも、8割も赤字だという現実です。

私が問うのは、その赤字の責任は我々職業会計人にはないのかということです。

なぜならば、職業会計人は中小企業を守り国家を支える社会的、国家的使命があるからです。

新型コロナは、職業会計人にそのことを厳しく問うているのです。


「景気が悪いから」

「コロナのせいでしかたがない」

「経営者が悪いから」

と言っていては、もう自分の事務所経営も成り立たなくなるほど現実は厳しいということです。

新型コロナは、それを職業会計人に突き付けている。

皆さんは、この現実をどう受け止め、どう対処しようと思っているでしょうか。

中小企業の赤字の責任は職業会計人にもあり

私は18歳の時、日本橋の会計事務所に入所しました。

5年間お世話になりましたが、今に繋がる貴重な体験をさせていただきました。

今にしてみれば、「この人の裏に道あり、我が人生」の思いです。


「神野君、顧問先の社長の経営の話など聞いていないで、早く帰って来いよ。

君の仕事は、資料を集めるだけでいいんだ。

余計なことを言って、責任とらされるような仕事なんかは、我々は最初っからやらないんだ」

と言う先生でした。

昭和30年代は、こうした記帳代行が当たり前の時代です。

私は、そう言われれば言われるほど、社長との話はやり続けました。


社長は時に、経営についての悩みも話します。

経営のことなど知るわけもない私に、です。

私はその解決のために、自分でも何かできないものかと調べ、それで知った知識を社長に報告します。

すると社長から、とても喜んでもらえるのです。

それが私の喜びとなり、社長に寄り添うことの大切さを学びました。


その後、税理士試験に合格し、会計事務所を開設してから5年目のことです。

今から50年前になりますが、ＴＫＣ創設者の恩師 飯塚毅先生に出会いました。

先生の次の言葉が、私の税理士人生を大きく変えました。

「未だに記帳代行で、飯が喰えると思っているバカな税理士がいかに多いか。皆さん方は例外ですがね……」という檄です。

繰り返しになりますが、これは今から50年前の話です。

記帳代行が当たり前だった時代に、それを否定する革命的発言です。

これに反発した人もいましたが、私は先生の燃えるようなお話しを聞いて、ＴＫＣ会員になりました。

先生の檄は、記帳代行では中小企業を守り国家を支える使命は果たせないということです。


記帳代行の何が問題かと言えば、顧問先の経営に関わらなくても、決算書作成、申告業務ができることです。

顧問先の経営指導をしなくても、飯が喰えるということです。

顧問先が赤字であっても、経営に関わらないので改善の手を何も打たない。心配しない……。

結果として、赤字を放置し、倒産予備群に追い込んでしまう。

自分の大事な職域である中小企業を、そのような状態に追い込んでしまうのは、職業会計人の責任を果たしていないことになります。

もちろん、赤字の原因はいろいろあるでしょう。

しかし、赤字であることを承知しながら、何も手を打たない記帳代行事務所は、職業会計人の責任を果たしていない。

それが「中小企業の赤字の責任は記帳代行事務所の職業会計人にもあり」という意味です。

平成バブル崩壊30年のツケが今なお残る

新型コロナが、中小企業の実態を明らかにした中に、30年も続いている平成バブル崩壊のツケが今に回ってきたという問題もあります。

消費税は、現在10％になっていますが、最初に導入されたのは平成元（１９８９）年４月１日のことで、税率は３％でした。

その年の12月29日、日本の株価は３８、９１５円で最高値を記録。この景気はずっと続いていくような社会状況でした。

しかしこれは実体経済ではなく、いわゆる土地ころがしで利益を上げていたのです。


私のところにも銀行から話がありました。

「いくらでも融資します」というのです。

借りたのは、返さなければならないのは当たり前です。

それを質問したら「今は、返済のことは考えなくていいのです」という返事でした。

そんないい加減な話には乗れないと、私は一切関わりませんでした。


国も、これは異常だと理解したのでしょう。

平成2（1990）年3月、大蔵省銀行局長がいわゆる総量規制である「土地関連融資の抑制について」を通達、バブル崩壊のきっかけとなりました。

大手銀行や証券会社が倒産したのも、この時です。

当然、中小企業もバブル崩壊によって倒産、または倒産の危機に立たされました。

政府は中小企業倒産防止のために、融資を行いました。

景気が良くなれば、返済してもらえると考えたのです。

ところが、なかなか景気は良くならない。

赤字体質が、なかなか変わらない。

結果、中小企業は、返済の期限が迫っても返せない状況が続きました。

無理やり返済を求めれば、中小企業は倒産する。


それで政府が手を打ったのが、返済期限の猶予です。

それには理由がありました。

消費税は、段階的に上げるというのが政府の方針としてありました。

もし中小企業が大量に倒産すれば、予定していた消費税も入らなくなる。

それは何とか避けたい。

という考えから、中小企業を倒産させないために返済を猶予したのです。

結局30年もの間、猶予を繰り返してきたことで、それが平成バブルのツケとして今も続いているのです。

新型コロナ禍にあって、もうそうした弱い企業は、国としても守ることはできない。

思い切って整理統合しよう。

というのが、菅(すが)政権が打ち出した中小企業の改革に結びついているのです。

中小企業200万社淘汰の政府方針はある意味正しい

菅政権が進める中小企業改革について、『税理士新聞』第1683号（令和2年11月25日号）が、「菅政権の中小企業改革　200万社淘汰の時代へ」と題して記事にしています。

その中で、成長戦略会議有識者メンバーでもある元金融アナリストのデービッド・アトキンソン氏の主張を紹介しています。

氏は、中小企業改革に関して菅首相に大きな影響を与えている人物です。

「日本の大企業の生産性は海外に比べても変わらないが、全体の99・7％を占める中小企業が全体のレベルを引き下げている」

として、現在358万社ある中小企業を2060年までに160万社まで減らすことで企業の生産性を上げるべきだというのです。

それに答えるように、政府は「中小企業の生産性向上のため優良企業に収斂させていくことも重要」として人材流動化やM＆A促進などに支援の重点を移していくといいます。

待ったなしで、整理統合するというわけです。

そのために政府は、現在の税制上の優遇措置や補助金を受けられる中小企業の定義を変え、再編や経営統合を促すということです。

また菅首相は最低賃金の引き上げにも積極的で、体力のない中小零細企業はそれに耐えて生き残れるかどうかの問題も抱えています。

大企業にとって、最低賃金はさほど問題にならないかもしれませんが、力のない中小企業零細企業や、赤字の中小企業零細企業にとっては、まさに中小零細企業潰しとも言える政策なのです。

それによって、２００万社が淘汰されるということです。

なぜ政府は、中小企業の生産性向上のために、再編や経営統合を促すというのでしょうか。

それは、生産性を上げて会社を黒字化し、税金を納めてもらうためです。

再編や経営統合、赤字会社を減らし、健全な企業に再編していこうというものです。

という狙いの菅政権の中小企業改革は、ある意味正しいと言えます。

ただ、ここで職業会計人として見逃せないのは、８割赤字の現実です。

赤字会社は、政府の方針でも整理される運命にあるのです。

赤字問題解決に対処しなければ、職業会計人の職域を無くすことになるので我々としても深刻な問題です。

皆さんは、何か打つ手を考えているでしょうか。

会計事務所も半減する時代にどう勝ち残るか

今、述べたように中小企業200万社淘汰は、会計事務所にとっても大打撃の問題です。

358万社の中小企業が160万社になれば――計算すれば55%減になりますが――分かり易く言えば半減です。

半減とは2社に1社が無くなるということです。

我々職業会計人にとっても、他人事ではない本当の危機が迫ってきているのです。

それなのに、我々の業界に危機感があるのか、それを問いたい。

私にはそれほど深刻になってないような気がするのですが、それは間違っているでしょうか。

職域が半分になるのです。

危機感があって、当然ではないでしょうか。

この現実がありながら、自分の事務所の将来に不安を感じない。

「今の仕事だけで充分やっていける」

「中小企業が潰れるのは、時代の流れでだからしょうがない」と考えている職業会計人がいたとしたら、真っ先に中小企業倒産の影響を受けることになるでしょう。


中小企業が半分になるのです。

普通で考えれば、間違いなく職業会計人に影響があることは分かるはずです。

もうどうしようもなくなってから「どうしようか」と考えますか。

それでは遅すぎます。

職域である顧問先を失ってからでは、自滅しかないからです。


中小企業経営者は、今、本当に苦しんでいます。

中小企業を守るべき職業会計人が、その実態を知りながら手をこまねいていてよいのでしょうか。

顧問先が苦しんでいるなら、何とかしたいと思うのが人の情ではないでしょうか。

あなたは、どう思われますか。

事務所の責任者として、事務所の勝ち残りのために何をしますか。

職業会計人には、中小企業を守り国家を支える立派な役割があります。

顧問先の社長に寄り添って経営指導を行えば、間違いなく「あなたの事務所に頼んで良かった」と言ってもらえます。

顧問先に喜んでもらえることは、共に働く職員の喜びでもあり、やる気にも繋がります。

そうなってこそ、会計事務所の存在価値があると思うのですが、皆さんの事務所はどうでしょうか。

> 会計事務所の職域である中小企業が
> 二〇〇万社が淘汰される時代
> 会計事務所も危機的状況に置かれている
> それに危機を感じない会計事務所があれば
> それこそ最大の危機である

コロナ感染は倒産の引き金　そのおおもとの原因は赤字

新型コロナは、確かに世界を大混乱に巻き込んでいます。

感染すれば「命の危険」という見えない恐怖によって、人間の行動が制限され、生活にも経済にも大打撃を与えているわけです。

新型ウイルスということで、これをやれば感染は防止できるという対策がはっきりしていません。

専門家でも意見が違う。

そういう中で、政府の感染防止対策はまさに手探り状態です。

緊急事態宣言に伴う経済支援にしても、これでいいということにはなりません。

よく聞く言葉に「コロナさえなければ」があります。

「コロナさえなければ、予定通りオリンピックを開催できたのに」

「コロナさえなければ、こんなことにはならかったのに」

「コロナさえなければ、もっと○○ができたのに」

事実としては、間違っていません。

しかし一国一城の主である社長や所長が「コロナさえなければ」と、責任をコロナに押し付けていては、長の責任を果たす覚悟が伝わってきません。

責任を周りのせいにするのは、自分は何もしないと言っていると同じです。

記帳代行の職業会計人が、赤字は自分のせいではないと言っているのも同じことです。

中小企業が２００万社淘汰される大本の理由は赤字にあると前述しましたが、そういう事態になっていることを職業会計人の一人として残念でなりません。

会社の赤字を最初に知る立場にある職業会計人が手を打っていれば、間違いなく赤字会社は減少しているはずです。

そう言えるのは、赤字会社を黒字化できる！　という私の体験があるからです。

新型コロナは倒産の引き金であって、根本の原因は赤字にあるのです。

その赤字を黒字に改善するのが、職業会計人の役割であり使命であると訴えたい!!

コロナのせいにする前に、今までのやり方で良かったのかと、職業会計人自身が自らに問うべきではないでしょうか。

責任逃れのコロナボケになってはいけない

再度申し上げます。

新型コロナの大不況によって、中小企業がバタバタと潰れる。

政府が進める中小企業改革で、生産性の悪い会社をM＆Aなどで整理統合し、その過程で200万社の中小企業が淘汰される。

中小企業の淘汰は、職業会計人にとっても事務所経営に関わる重大問題である。

この状況を生んだおおもとの原因は赤字であり、コロナはその実態を明らかにしただけです。

こうした危機があるのに、危機と感じない職業会計人がいます。

それは、日本人の性格なのでしょうか。

例えば平和ボケ、危機が迫っていても危機を感じない人がいます。

また日本の安全をアメリカに保護されているから安心という保護ボケの人もいます。

だからでしょうか。

これだけ大打撃を与えているコロナがきても、危機と感じないコロナボケの人が、新たに加わったように感じます。

職業会計人は、どうでしょうか。

コロナを、責任逃れの理由にしていないでしょうか。

顧問先が赤字なのは、コロナのせいであって自分のせいじゃないという職業会計人は、まさにコロナボケの人です。


顧問先が赤字だということは、顧問先が倒産予備群に入ったということです。

それを危機と感じない職業会計人は、自分の事しか考えない人で、それでは顧問先を守ることはできません。

それは、自分の事務所の首を絞めると同じことです。

また顧問先の赤字を放っておくことは、顧問先に対しても、職員に対しても、自分の事務所に対しても重大な罪作りです。

そんなことで、いいのでしょうか。


職業会計人は、中小企業を守ることが使命です。

コロナ禍という現実の中で、その使命を果たすべく今こそ職業会計人のあるべき姿を真剣に考え、具体的に実践していく時ではないでしょうか。

断じて、赤字をコロナのせいにするコロナボケになってはいけない、と申し上げたい。

第2章　赤字放置は税理士法第一条違反?!

記帳代行型会計事務所は任務を本当に果たしていない

私が本書で言いたいことは、国家資格を持つ税理士・職業会計人として、中小企業を守り国家の支え人になろうということです。

従って、特別なことを言っているのではないのです。

ただそのためには、どうしても言わなければならないことがあります。

記帳代行で飯を喰えると思っている税理士が、いかに多いかということです。

決算書を作り、税務申告をすることは税理士の任務ですから、それ自体はどこの事務所でもやっています。

ですから、記帳代行の事務所でも、税理士・職業会計人としての仕事をしていることは間違いありません。

ならば、何も問題はないのではと思われるかもしれませんが、私は大いに問題があると言いたいのです。

それは何か。

記帳代行事務所は、決算書を作り、税務申告しかやらないことです。

従って、顧問先が赤字であっても、自分の仕事ではないので何も手を打たない。
それで本当に、税理士・職業会計人として任務を果たしているのでしょうか、と私はいいたいのです。

第1章で、「未だに記帳代行で、飯が喰えると思っているバカな税理士がいかに多いか。皆さん方は例外ですがね……」という恩師 飯塚毅先生の言葉を紹介しました。

さらに恩師 飯塚毅先生は、「税理士法第一条における使命条項を守らないTKC会員は、TKC会員になる資格がないと断言します」と、いつも言われました。

これはTKC会員を募る会での話なので、主語は「TKC会員は」となっていますが、「税理士法第一条における使命条項を守る」というのは、全ての税理士・職業会計人に言えることだと思っています。
これを基準にすると、記帳代行事務所は職業会計人としての任務を果たしていないことが分かります。
国家資格者として、本当にそれでいいのでしょうか、ということです。

税理士法第一条を理解できない職業会計人がいる

しかるに税理士法第一条に何が書いてあるでしょうか。

第1条　税理士の使命
　税理士は、税務に関する専門家として、独立した公正な立場において、申告納税制度の理念にそって、納税義務者の信頼にこたえ、租税に関する法令に規定された納税義務の適正な実現を図ることを使命とする。

とあり、税理士の使命条項と言われています。

当然、税理士・職業会計人はこの使命条項を果たすべく鋭意努力しているわけですが、現実、その理解によって、具体的な任務の果たし方が変わってきています。

一つは、国家を支える納税を考えて任務を果たそうという考え方。
もう一つは、税金の申告業務が任務であるという考え方、です。

私が本書で問題にしているのは、後の方の「税金の申告業務が任務であるという考え方」です。なぜなら、税を扱う任務を持ちながら、適正な納税義務を果たさないからです。

納税義務の適正な実現を図るとは、「税理士は適切な所得の計算を行って納税申告する」ことです。

計算するだけなら誰でもできるわけですが、税金の計算は独立した公正な立場にある税理士だけに与えられた任務です。

その任務を果たさなければ、税理士・職業会計人の業務を正しく行っているとは言えません。

では、納税額を決める「所得の計算」とは、どういうことでしょうか。

所得の計算は、会社が利益を上げ黒字でなければできません。

「所得の計算」の前提は、会社が黒字であることになります。

記帳代行の事務所は、申告するだけですから、顧問先が赤字であれば均等割の計算だけで適正所得と納税額は一切不用です。

しかし納税まで考える事務所は、顧問先が黒字になるよう経営指導を行います。

この差が、顧問先を赤字のままにしておくか、黒字化にするかの大きな分かれ道になっているわけです。

コロナ禍で、生死の中にある中小企業を守らなければ、職業会計人として生きていく道を失ってしまいます。

もう、記帳代行で生きて行く時代ではないのです。

税理士の使命条項には、顧問先の黒字化が含まれていることを忘れてはなりません。

税理士の「士」の実践が税理士法第一条の使命なり

国家を支える納税を考えて顧問先の黒字化を任務とする職業会計人・税理士と、申告業務だけの均等割のみ記載することが任務とするだけで、顧問先の経営指導をしない所得の計算と税金の計算申告をする職業会計人とでは、仕事の内容及び質において大きな差があります。

一番分かり易いのは、仕事の難易さです。

申告業務だけ任務とする職業会計人は、経営指導をしないわけですから楽な仕事と言えます。

それでも、事務所経営が成り立ってきたのは、記帳代行で飯が喰えた時代だったからです。

では大事な職域である中小企業の黒字化もせず守ろうともしないで、自分の事務所だけが生き残ればいいのでしょうか。

まして、国家資格を持つ税理士・職業会計人が、そんなことで良いのでしょうか。
もちろん、苦労するより楽をしたいと思うのは人の常というのは分かります。
しかし、それを乗り越えていくのが人としてあるべき生き方ではないでしょうか。

私は、そのことで税理士の「士」が重要な意味があると思っています。
士は、武士の士です。
私はこれをサムライと読みます。
サムライは、守るべきものを命に代えても守る覚悟を持っています。
私は、顧問先を守る覚悟をもって日々職務に当たっています。

一般的にサムライと言うと、多くの人が思い浮かぶのは新渡戸稲造の『武士道』だと思います。
その中に、８つの徳目が取り上げられています。

義、勇、仁、礼、誠、名誉、忠義そして克己です。

人それぞれに武士道の理解があって良いと思います。
問題は、それをどう生かすかです。
サムライの心を持てば、顧問先が赤字であれば黙って見ていられなくなります。

それを別の言葉で言えば、利他の心の実践です。
サムライの心、利他の心で顧問先の社長に寄り添って、赤字なら黒字にする。
それが、税理士法第一条の使命を果たすことなのです。

顧問先の黒字化は、国家への納税に繋がります。
職業会計人は、国家を支える重要な任務を持っているのです。

黒字化に取り組まないのは税理士法第一条違反?!

顧問先を黒字化して納税することが、国家を支えることになると書きました。
これに対して、黒字でなくても「納税はしています」
という反発があるかもしれません。

確かに赤字の場合は、均等割りがありますから納税していることは間違いありません。
しかし、考えてみてください。
赤字が続くことは、正常な企業経営と言えるでしょうか。
赤字会社は、倒産予備群です。

とても正常とは言えません。


まして新型コロナの時代です。

赤字会社の倒産は、早まります。

それを政府が、中小企業改革の名の下で整理統合し、２００万社淘汰される時代です。

何度も書きますが、赤字は企業にとって命とりなのです。


その赤字を知りながら、職業会計人として何も手を尽くさないでいいのでしょうか。

はっきりと言わせてもらえば、顧問先が赤字と知りながら、黒字会社にしないことは、税理士法第一条違反ではないのでしょうか。


税理士法第一条には、「赤字の計算をする」などは書いてありません。

所得の計算をしないで、職業会計人・税理士の使命と納税者の期待に応える役割を果たしていると言えますか?!　……。


所得の計算をしないのは、均等割りの計算をするだけです。

それで、税務申告の手数料をもらう。

税金の計算は、結構複雑です。

それを均等割りという楽な計算でお金がもらえて良いかもしれませんが、それは税理士法第一条からすれば、不当な請求と言われませんか?! 猛反発です!! ……。


もう一度言います。

税理士法第一条が税理士・職業会計人に求めているのは、適切に所得の計算をすることです。

そのためには、経営指導で顧問先を黒字化することです。

記帳代行事務所で、「それができますか」と問いたいのです!!

赤字を放置する職業会計人であってはならない

蛇足と承知しながら、ここで改めて税理士業務を問うてみます。

大事な使命を忘れてはならないとの思いからです。

税理士法では
「税務代理」
「税務書類の作成」
「税務相談」

の三つが決められています。
顧問先より委託を受けて、確定申告と納税申告をして税金を納める仕事です。
申告に疑問があれば、税務署からの「税務調査」があります。

国としては、きちんと税金を納めてもらいたい。
納税者（顧問先）は、経営上できるなら節税したい。
それが、見解の相違としてニュースになったりします。

税理士は、税理士法第一条にあるように「独立した公正な立場」にあります。
租税正義の精神のもとで、税の計算は公正でなければなりません。
何か税務署から指摘があっても、明確に説明できるように税務申告を行う。
その意味で税理士は、税において税務署の味方でも顧問先の味方でもありません。

この点が非常に重要です。

税金というのは、政治の鏡であり、国家の背骨ということです。
税理士事務所、会計事務所は、国家を支える集団なのです。

それができるのは、顧問先が黒字であってのことです。
その役割を、職業会計人・税理士は持っている。
このことを忘れては、国家を支えることはできません。
赤字を放置する事務所であってはならないのです。

今だけ自分だけ金だけの職業会計人でいいのだろうか?!

税理士という国家資格を持ちながら、それに胡坐（あぐら）をかいて赤字会社を放置している人がいます。
実に、残念なことです。

税理士として、国家に報いる気持ちは湧いてこないのでしょうか。
顧問先の赤字をそのままにして。何も感じないというのでしょうか。
もしそうなら、税理士の本来業務を理解していないと言わざるを得ません。
国家資格が泣いてしまいます。

この考えは、まさに国はどうでもいい。
税金のことなど、どうでもいい。

自分さえ良ければいい、という考え方です。

国のことなど他人任せ、他力本願の生き方です。


自分のことだけを考えるだけでいいのでしょうか。

喰えればそれだけでいいのでしょうか。

お金のことだけでいいのでしょうか。

そういう生き方で、本当にいいのでしょうか。


職業会計人は、顧問先の経営実態をいち早く把握できる立場にあります。

顧問先が赤字になれば、経営者に「何か手を打ち、黒字化しましょう」と声をかけるのが、職業会計人でなくても、人間としての自然の思いやりではないでしょうか。


それもできないとなれば、それは自分のことしか考えない、一人よがりの職業会計人・税理士となってしまいます。

しかしそれは、顧問先からの信頼を失い、結局、自らの首を絞めることになります。

それで、いいのでしょうか。

終息の目途が立たないコロナ禍の中で、顧問先を大事にしない事務所は自滅するしかないでしょう。

倒産の悲劇を生む赤字を放置してはならない

赤字に苦しんで、苦しんで、そこから脱することができなかった企業が、その後どうなっていくのか、考えると恐ろしくなります。

自殺、心中、夜逃げ、一家破産。

挙句の果て、暴力で親や兄弟まで殺してしまう悲劇も起こります。

そうした悲惨なことになってしまうもともとの原因は「赤字」です。


職業会計人は、顧問先の一番近くにいます。

経営指導で、経営改善できる立場にあります。

新型コロナで、記帳代行で飯が喰えると、安閑としてはいられない時代になりました。


赤字による悲劇を生まないためにも、職業会計人は赤字解消に努めなければなりません。

しかも状況は、深刻です。

8割もの中小企業が赤字であり、それも30年以上も……続いているのです。

しかし、誰かがこの状況を変えて行かなければ悲劇は続きます。

だからこそ中小企業を職域に持つ職業会計人・税理士が力を発揮して、「中小企業を守り切ろうではありませんか」と提言しているのです。

そのためには、覚悟をもって事務所の業務改革が必要なのです。

それが記帳代行からの脱皮です。

今までやっていない経営指導をやることになります。

慣れないことをやるには、苦労が伴います。


しかし、赤字による悲劇を生まないためとなれば、改革の価値はあります。

それができるのは、職業会計人・税理士です。

少なくとも、顧問先を黒字化する努力をしなければ、税理士・職業会計人としての名が泣くでしょう。


私の改革提案は後でも述べますが、寄り添いザムライになることです。

コロナ禍は、黒字の企業にとっても「死ぬか、生きるか」の状態に置かれています。

まして赤字の企業は、必死です。

赤字企業を放置することは、国家としても大損失です。


一人でも多くの税理士が、事務所改革に立ち上がってくれることを願っています。

第3章　改革して欲しい職業会計人の現状を知ろう!!

赤字会社を放置して顧問料をもらう職業会計人

「はじめに」で私は、危機感のない危機が一番の危機だと書きました。

私が知る先生方の話を、幾つか取り上げたいと思います。

それを危機と感じるか、それとも別に問題はないと感じるのか、ご自分の現在の考え方で変わってくるはずです。


その一つが、顧問料です。

お客さんである会社の顧問になって、経営指導を行うことで毎月顧問料をいただきます。

それで、そのお客さんのことを顧問先と呼ぶわけです。

ですから顧問先は、職業会計人にとっては、大事なお客さんです。

顧問先の経営指導を行って社長に喜んでいただいていれば問題ありません。

しかし指導をやらないだけでなく、顧問先の赤字をそのままに――黒字化の経営指導もせずに――顧問料をいただいている職業会計人がいます。


ある税理士先生が私に言いました。

「顧問料を下げてもいいので、なんとか顧問を続けてもらえるようにお願いしています」と。

この話を聞いて、私はおかしいと思いました。

おかしいというのは、これは自らが「顧問料を戴けるだけの仕事をしていません」と言っていると同じと感じたのです。

顧問としての働きをしているなら、堂々と顧問料はもらうべきです。


重要な点は、顧問料を戴くか戴かないのかの前に、顧問先に喜んでいただける仕事をしているかということです。

顧問料を安くしてでも欲しいというのは、自分の事だけを考えている発想です。

記帳代行を主とする会計事務所に多い考え方です。


なぜなら、記帳代行は顧問先の経営状態に関係なく仕事ができるからです。

その上に胡坐をかいて、経営指導もせず顧問料をもらい続けている。

それが記帳代行型事務所の実態と言えるでしょう。


しかし、赤字の垂れ流しを続けていれば、やがて顧問先を失うばかりでなく、前述したように税理士法違反をし続けていることになります。

それは、職業会計人として許せることではありません。

さらにIT革命、AI時代のクラウド会計時代、自動仕訳による記帳、決算、申告をしていない。

即ち、時代対応をしていないことです。
それでは、とても経営指導はできません。

もし私共の事務所で、顧問先の7割が赤字続きだったら、私は会計事務所を閉めます。
なぜなら、税理士としての使命を果たしていないと判断するからです。
その覚悟をもって、私共は日々業務に取り組んでいます。
それがサムライ業（士業）としての、サムライたる所以と考えているからです。

新型コロナウイルスは、中小企業を守らない限り、職業会計人も生き残れない現実を明らかにしました。
経営指導をしない帳面屋、決算屋、申告屋では飯が喰えなくなる時代が予測通りやってきたということです。

顧問先とは、単なるお客様のことではない
会計事務所にとっては、共に経営を語る同士である
経営者は自社の経営内容を把握している会計事務所から
的確な経営指導を待っている

安価な記帳代行サービスが普及し
顧問料引き下げ要求がある中であっても
経営指導を行っている会計事務所は
顧問先に喜ばれている

顧問先より自分の作業効率だけを求める職業会計人

私が所属する、税理士の会での話です。
その席で取り上げられたのは、効率です。
とにかく、効率、効率、効率。
仕事で一番大事なのは、効率を上げることだというのです。
いかに作業時間を短縮化し、その成果を上げるかが大事だというわけです。
仕事で効率を上げることは、当たり前の話なので反対はしません。
問題は、中身です。

その会では、次のような話も出ていました。

「税金の計算だけをすればいいんだ」

「なんで経営指導をしなきゃならないのか」というのです。


まさにこれは「自分の事務所の効率が上がればいい」という記帳代行事務所の発想です。

顧問先が赤字であっても、関係ないというわけです。

その下で、どれほど多くの中小企業が泣いていることでしょうか。

本当に中小企業は、運命の岐路に立たされ苦しんでいます。

運命の岐路というのは、死ぬか生きるかです。

それなのに、自分の事務所だけの効率を叫んでいていいのでしょうか。


効率を上げる方法として、現代はIT技術が活用されています。

しかし不思議なのは、効率を叫ぶけれどもクラウドのことは言わない。

なぜでしょうか。

クラウドを活用していないということです。

職業会計人の仕事は、IT革命によってコンピューターに奪われる時代です。

正しくIT技術を活用しなければ、自らの首を絞めてしまいます。

そのことに、気づかないのでしょうか。

それで何が起きるか、考えれば分かることです。
顧問料の値下げ、挙句は顧問の解約です。

これは会計事務所にとって大問題です。
なぜ大問題なのかと言えば、経営者不在ということです。
経営者は、常に事務所の将来、職員の幸せを考えていなければなりません。
それを考える人がいないということです。
記帳代行の会計事務所が陥っている姿です。
自らの首を、自らが閉めているのです。

ITやAIの発達で士業は仕事を奪われている
記帳代行業務ではもはや事務所の経営は難しい

このままで死を待つか
現状から脱皮して新たな道を歩むのか
その決断が迫られている

職員の反対で改革できない理由にするトップ・所長税理士

職業会計人が税理士法第一条の使命を果たすには、経営指導が欠かせません。

ところが「経営指導なんかできない」と言う先生がいることを指摘しました。

そういう先生に私は「誤てり自己限定になぜ陥るのか」と言いたいのです。


私の個人的な理由で、言っているのではありません。

顧問先のためであり、その先生の事務所のためだと思ってのことです。

トップが、自己限定を破って挑戦しなかったら、改革などできるはずもないからです。

一倉定師（いちくらさだむ）の言葉を借りれば「悪い会社など一つもない、悪い社長がいるだけ」ということです。

そのことを、赤字会社を抱えている職業会計人に分かって欲しいのです。


自己限定に陥っている話をします。

現代はもはや、IT技術を活用しないと勝ち残れない時代です。

私共の事務所でも、最先端の戦略マシーンを使って顧問先の経営指導に当たっています。

それは、仕事の効率を上げるレベルの話ではありません。

それを活用しなければ、顧問先に喜んでもらえる経営指導ができないからです。

戦略マシーンは、会計事務所にとってなくてはならないツールなのです。
そんな思いを持っている私は、よく税理士先生に聞きます。

「先生の事務所では、何か戦略マシーンをお使いですか」
「いや、恥ずかしいけど、そういうのは導入していないんです」
「恥ずかしいとは、何がですか」
「職員が反対するんです」

これには、驚きました。
「職員が反対するので導入しない」
という言葉、皆さんはどう思われますか。
私は、「違うでしょ」と言いたい。
これこそ「誤てり自己限定に陥っている」からです。
そのことを、私は強く訴えたいのです。
組織は、トップの考えで決まります。
トップである所長が「やる」と決めたらやる。

それを職員が反対するからできないというのは、できないのではなく、トップ自身がやらないことの言い訳にしているだけのことです。
事務所の改革から、逃げているだけです。

我々職業会計人が最も大切にしなければならないのは、顧問先です。
顧問先を守ることが、職業会計人の役割の全ての全てと言っても過言ではありません。
トップが逃げていては、顧問先を守ることはできません。
顧問先を守るために、事務所を改革する。
それは顧問先のためであると同時に、事務所職員のためになるのです。
トップが、自己限定に陥っている間は改革できません。
事務所の責任者として、自己限定をやめましょう。

自己限定を破るのは他人任せではできない
自分に全てがかかっている
実践に当たり最大の壁は外敵ではない
自分自身にあり!!

最も厄介なのは「自分との闘い」なのである
私がやらねば誰がやる
今やらねばいつできる

職員を動かす腕力シップを持てない指導者・所長税理士

なぜトップは、自己限定に陥ってはならないのか。

それは、トップである経営者は、指導者だからです。

指導者は、一般の人より、より多くの人に影響を与えます。

そのために、リーダーシップとしての資質が求められるわけです。


リーダーシップは、多分に人間性に頼ることが多いけれども、もっとも大事なことは、いつの時代でも「腕力シップ」だと私は思っています。

強い信念と覚悟をもって皆を動かす力のことです。

それには、リーダーとしてのビジョン、志、目標等がなくてはなりません。

そのうえで、

「この方針で行くぞ」

「うちの組織は生まれ変わるぞ」

「今からやるぞ」

「誰かがやるのではない、自分がやるんだ」

と、強い意志で職員を引っ張っていく必要があります。

それが腕力シップです。


腕力シップを発揮するには、リーダー自身が仕事に情熱を燃やすことです。

リーダーが燃えなくて、職員が燃えるわけがありません。

何に燃えるか。

顧問先と事務所の職員及びその家族を必死で守る。それこそ職業会計人・税理士としての仕事なのです!!


まずは、熱い思いをもって、事務所の変革を発心する。

発心がなければ、決心が出てきません。

決心がなければ、継続的な実践ができません。

発心、決心、持続心。

私は、これを自分に言い聞かせてこれまでやってきました。

「職員が反対するから」などと言い訳をする職業会計人は、このコロナ禍の時代では用無しになってしまいます。

改革ができない職業会計人は、自らが顧問先を無くすことになるからです。

税理士法を正しく理解できない所長税理士

自己限定に陥っている人は、改革できない理由を自分に向けるのではなく、他に求めて自分には何の責任もないと思っています。

赤字を放置して、何もしないのはそのためです。自己中心のエゴイスト?!です。

赤字を無くすのが自分の責任と思うなら、自己改革の思いは必ず出てきます。

何度でも言います。

税理士法第一条に書いてある「所得の計算」は、まさに職業会計人が果たすべき正しい使命なのです。

この正しい使命の認識が欠けていては、職業会計人としての燃える情熱が生まれてくるはずもありません。

そういう人は、職業会計人として失格です。

ところが、税理士会の幹部でも正しく使命を認識していない人がいます。

次に取り上げるのは、東北における税理士会での話です。

税理士会の幹部お二人が、出席していた東北会会長と国税の局長に厳しく「教えてください」と迫ったのです。

A氏が発言しました。

税理士法第一条に始まり、第33条の2には、書面添付をやれなんて書いてない。

書いていないどころか、我々はそういう経営指導をやる集団ではない。

単なる税金の計算をすればいいんだ。

税金の計算をするのが税理士の仕事だ。

書面添付をやったら責任を取らされるだけだ。

なんで我々に、責任を取らせる仕事を押し付けるのか?!

B氏が続けて発言しました。

我々税理士は、税務署の提灯持ちじゃない。

局長、どうなんですか。教えてください、と。

この話を聞いて、私もビックリしましたが、局長もびっくりしていました。

会場は、シーンと静まり返ってしまいました。

書面添付を税務署の提灯持ちという税理士

A氏、B氏の話が終わってから、誰も発言をしようとしません。

司会者が「どなたかご意見はございませんか」と、何度か呼びかけたのですが、誰も手を挙げないのです。

黙っている。

そこで私は、大きな声で「はい、意義あり」です!! と手を挙げ、自分の意見を述べました。


A氏に対して。

あなたは税理士法第33条の2に基づく書面添付を、何で責任を取らされる仕事をさせるのかと言われましたが、世の中で責任のない仕事はあるのでしょうか。

私の事務所では、税理士法第33条の2に基づいて、8割の顧問先で書面添付をやっていますよ。

何が悪いんですか。

これは責任を取らされる仕事ではありません。

税理士の、当然の権利です。

権利を行使して何が悪いですか。


B氏に対して。

それから、こちらの先生。

税務署の提灯持ちなんて言葉は、どこから出てくるんですか。

我々は国家を支える仕事をしているのです。

租税を公正公平の理念で常に申告納税をすすめ、
正しい者が報われる、
正直者がバカをみない、
という正義感をもってやっているのです。
租税正義のもとで、やっています。
税理士法第33条の2の規定の書面添付は、それを実践断行する税理士の使命条項なのです!!

もしその書面添付の精神、租税正義に反したことがあれば、当然我々は責任を取ります。

書面添付をしたから責任を取るのではありません。

責任ある仕事を、責任をもってやっているということです。

あなたのおっしゃる、やったら「責任」を取らされるという責任とは、意味が全く違います。


書面添付は、適時性処理証明書と完全性宣言書まで取り付けてハンコを押して提出します。

税理士法第33条の2の書面添付をやれば、国税も信頼して調査省略、是認となります。

そうなれば、税務署の職員を増やさなくて済み、国家のためになります。

それが、何で税務署の提灯持ちなんですか。

私は、そんなことは一回も考えたことはありません。

いったい、どこから提灯持ちが出てくるのか教えてください。


また、税金の計算をするのが税理士の仕事だと言われました。

赤字の会社が8割存在します。

あなたの事務所では、ちゃんと所得の計算をしていますか。

経営指導をやる集団ではないとも言われました。

まさか、均等割りだけで終わってはいないでしょうね。

職業会計人の使命を果たしてこそ、責任を取る仕事をしたことになるのではないですか。

責任を取らない仕事がどこにあるんですか。

教えて下さい。

以上!!


もの凄い勢いで、私は信念のもと自分の考えを述べました!!

あれほど、国税に迫った二人は、黙っているだけでした。

問題の本質である赤字を放置し続ける職業会計人

以上、幾つかの話から職業会計人・税理士の姿が見えたと思います。

どのような感想をもって受け止めていただいたでしょうか?!

話の結論としては……、
新型コロナによって、中小企業はバタバタと倒産するでしょう。
職業会計人もまた職域である中小企業を失うことで、事務所経営が難しくなる。
ということでした。

ただこれを、評論家的にコロナのためとか、経済不況とかの一般論で話を終わらせてしまっては、その問題の本質が見えてきません。

大事なことは、本質を知ることです。

本質が分からなければ、問題解決の手が打てないからです。

私が指摘したい問題の本質は、大きく言って次の2つです。

1、コロナであってもなくても、いつ倒産してもおかしくない赤字の中小企業が8割も存在していること。その責任の半分は我々にある!!

2、中小企業を守り、国を支えるという使命を持つ職業会計人の何割かが、顧問先のことに関心を向けず、記帳代行だけで終わっていること。それでいいんだ!!……と。

もっとハッキリ言えば、職業会計人が赤字を放置してきた。

これが問題の本質だと!! ……。

ですから、中小企業がバタバタと200万社も倒産するので、職業会計人としては顧問先を失うので「困ったものだ」、なんて言って済まされる単純な問題ではないのです。

とくに、記帳代行型事務所は、事務所のあり方、取り組み方を根本から変えなければ、生きていけない時代になったということです。


はっきりと申します。

経営者に寄り添い、経営指導で顧問先を守る以外に我々が勝ち残る道はなくなった……と。

それが、私の言う「寄り添いザムライたれ!!」ということなのです。

自ら自殺行為の経営をしている職業会計人

企業の倒産に関して、故山本七平氏は『「常識」の研究』で「過去において私が見た倒産はことごとく『自殺』であって『他殺』ではない」と書いています。

なんとも厳しい言葉ですが、真実ではないでしょうか。

経営の全責任は、経営者にあるということです。


会計事務所の所長も、経営者です。

顧問先を守らない職業会計人を、経営の全責任を持っている経営者と呼べるでしょうか。

赤字であっても「記帳代行で事務所の経営ができているので問題なし」と言える時代ではなくなったのです。

顧問先中小企業の存続に寄与できない職業会計人は、もう必要とされません。

そうでなくても、コンピューター革命によって記帳代行業務の半分以上が奪われるという時代です。

そこにコロナが襲ってきたのです。

その中で、職業会計人が勝ち残るには、顧問先を守る以外に道はありません。

皆さんの事務所は、顧問先を守ることをやっていますか。

やっていない、もしくはこれからもやる気はないという職業会計人は、自分で自分の首を絞めているのと同じです。


まさにそれは、自殺行為です。

そのことに、早く気付く必要があります。


当然、そんなことを思って事務所経営をしていることはないでしょう。

経営が成り立っていたので、そこまで考えていなかったというのが現実だと思います。

でも、確実に我々職業会計人にも危機が迫っているのです。


そうは言われても、経営指導などやったことがない。

どうすればいいかが分からない。

やろうと思っても、面倒が先に立ち踏み切れない。
なにより、新しい先端技術についていけない。
社会の変化がここまで急に変わるとは思ってもいなかった。
経営指導など、自分にはとてもできない。

………

でも、自殺は避けたい。
自分でも出来る、何か良い手はあるのだろうか。
あるなら知りたい……。

というのが、変革できない事務所の本音かもしれません。
改革するのは今です。
先輩の良き事務所に学び真似て実践しましょう。

勝ち残りの手を打たない職業会計人

現状を知れば知るほど、職業会計人も安閑としてはおられないことが分かります。
何より問われているのは、自分の事務所が顧問先の助けになっているかどうかです。

なっていなければ、顧問先から見放されてしまいます。
コロナがその現実を、職業会計人に突きつけたのです。

経営は生き物です。
生きた証が、結果となって現われます。
税理士法第一条の使命を果たさなければ、そのツケは必ず回ってきます。
そうした事務所は、自業自得と言うしかありません。

何の世界でも、生き残るのは2割。
なんとか、ついていけるのが3割。
半分残れば、いい方です。
現在の職業会計人は、何割が生き残れるでしょうか。
同じ仲間として、少しでも多くの職業会計人が勝ち残って欲しいと願っています。
今こそ、職業会計人の実力を見せる時ではないでしょうか。

私共の事務所では、顧問先の社長を己自身と思って、社長の寄り添いザムライになることを職員に徹底しています。
この姿勢で取り組めば、間違いなく社長から信頼されます。

これこそが、人間としての喜びであり、仕事の醍醐味でありますり!!

ビジョンなき組織は、滅びます。

まずトップである所長税理士がビジョンを持ち、自己限定を打ち破って、具体的に動き出しましょう。

正に「今やらねばいつできる！　俺がやらねば誰がやる!!」です。

第4章

職業会計人として「指導者足り得るか」を自らに問おう!!

自らに「指導者足り得るか」と問うてみよ!!

税理士・職業会計人は、単なる事務屋ではありません。

税理士法で定められているように、独立した公正な立場において、納税義務の適正な実現を図ることを使命としている指導的立場の人間です!!

税の申告に当たって、社長に間違いがないように指導しなければなりません。

また中小企業を守るとなれば、指導者となって真剣に取り組まなければなりません。

そうです。

税理士・職業会計人は、常に指導的立場にある専門家なのです!!

言い方を変えれば、指導者とならなければ、税理士・職業会計人の使命を果たすことはできないということです。

したがって税理士・職業会計人は、国家資格を持つ指導者であると常に意識して仕事に取り組む必要があります。

それを自分自身で確認する。

それが、自らに「指導者足り得るか」と問うてみるということです。

この「指導者足り得るか」の教えも恩師 飯塚毅先生から学びました。

先生の教えは、人間の心の内部にまで入り込み、公人（おおやけびと）として、そして個人として、その両面を持つ人間がどう生きるかを現実的に教えています。

コロナ感染拡大、政府の中小企業改革により、慢性的赤字の中小企業は２００万社も淘汰される恐ろしい時代になりました。

まさに、我々が置かれた環境は悪化し、会計事務所の集団死滅という危機的状況が迫ってきています。

その状況を何とか回避したい。

今こそ税理士・職業会計人は、「職業会計人は指導者足り得るか」を自らに問うて、指導者足り得る行動をとる時と考えますが、あなたはどうお考えでしょうか。

まず、自分自身に「自分は職業会計人として指導者足り得るか」と問うてみてください。

経営指導の重要性が見えてくるはずです。

税理士法に経営指導など書いていないという税理士は、指導者足り得ません。

自分の職務が、何たるかが分かっていないということです。

書いてないけれども、所得を計算するというのは会社が黒字でなければできません。

指導的立場にある税理士・職業会計人は、顧問先の黒字化を考えて当然です。

そのためには、顧問先の社長に寄り添いながら、いろんな苦労を共にして経営を考えていく。

顧問先のことを、己自身のこととして取り組む。

そして、赤字会社から黒字会社にする。

さらに、黒字会社から明日が見える優良会社にする。


優良会社にして、税務調査立ち合い不要、申告是認、そういう堂々たる仕事を我々が推し進めていかなければ、国家を支える集団などとは言えません。

まして国家資格を持った我々が、顧問先を黒字化して国家に貢献しなければ、職務怠慢の恥さらしになります。


税理士・職業会計人としてプライドを持って、職務を全うしなければ、我々の将来はありません。

プライドがあるから、それに恥じない行動をするようになります。

そこで初めてメリットが出てくるのです。


自分は、職業会計人は指導者足り得るかーあー!!　と……

私は今こそ、声を大にして叫びたい！

職業会計人が指導者足り得る五大教訓

自らに「指導者足り得るか」と問うてみる重要性を、ご理解いただけたでしょうか。恩師 飯塚毅先生は「職業会計人が指導者足り得る五大教訓」を示されております。TKC会員ならずとも、非常に大切なことなので、ごく簡単にして紹介します。

第一の教訓　先見性と洞察力で環境の変化を先取りせよ

・洞察力は、経営者に欠くことのできない要素である。
・顧問先の実情を洞察力で見極め、生き残り作戦の援助をすることが、会計事務所の重点業務である。
・洞察力は企業経営者のみに必要な徳目ではなく、トップになる条件の一つでもある。
・会計人に大事なのは「正直さ」と「直観力、洞察力」である。
・魂を打ち込む。原価は一円もかからず、参禅の必要もない。

第二の教訓　ＴＫＣ会計人とはいかなる会計事務所をいうのか

・「自利利他」（自利とは利他を言う）の理念を理解する。
・厳正な租税正義の具体的貫徹のため職業専門家としての独立性を重んじる。
・不作為、不実行の言い訳の材料は無数にある。
・職業会計人の独立性の意義を理解・実行し、時代の趨勢を読めない者は、どうせ喰えなくなる人間なのだから、早めに転廃業すべきである。

第三の教訓　巡回監査の完全実施の意味と重要性、その覚悟

・巡回監査ができるかどうかが、事務所改革ができるかどうかの別れ道になる。
・巡回監査のもっとも重要な眼目は「経営者と直接会って話ができる」こと。
・巡回監査は顧問先にとっても会計事務所にとっても、最高にして最大のチャンス。
・毎月必ず一回以上、関与先に往査して、巡回監査を実施することをもって足れりとしない。
・会計記録が取引を完全網羅的に、真実を記録しているか、適時に記録しているか、整然明瞭に記録しているか否かについて、厳正に検査を行うことを基本とし、単に会計記録と証票との照合のみを行うものではない。
・巡回監査に当たって関与先が厳正な指導、教育に従わないことを見抜いたときは、己の損得を計算せず、断固として関与先を切って捨てるだけの見識と権威を持たなければならない。

第四の教訓　若い世代を含み、いかに人を育てるか

・教育する相手の力量を見抜いておく必要があるが、時には相手を絶体絶命の立場に立たせることが、禅家の教育方法として一般化していることを知るべきである。
・人を育てる側に立つ者は、少なくとも相手の五倍以上の修練を積んでいないと、相手は納得してついてこない、と言われる。
・人を育てる側に立つ者は、寛恕の心を忘れてはならない。そうでないと、誤解による離反を招く可能性がある。
・会計人の業績は自己の直観能力の水準に決定的に影響される。業務実施の時間中、時間外を問わず、自己の直観力の練磨に常時集中する、との態度をとらなければならない。

第五の教訓　現状肯定を打破し明日を生きる為の条件とは

・現状肯定を打破するとは、現状を否定すること。
・現状に甘えることなく職業会計人の使命に燃え、さらなる向上を図ること。
・会計人業界には、いろんなタイプの人がいる。徹底的な利己承認型、あきらめ型、ノンポリ型、行ったり来たり型、そして裏面探索型。「一枚の紙にも裏と表がある。人間にも裏と表がある」のに裏面ばかり、マイナス面ばかりを見てしまう。「光明に背面なし」、裏も表もない人生でないといけない。

顧問先の経営者を己自身と思って取り組む

中小企業が半減する。

我々の業界も半減する。

恐ろしい事態が今、やってきている中で、我々は生き残っていかなければなりません。

この逆境を、どう捉えるか。

我々が勝ち残るための、経営維新の時と捉える必要があります。

ぬるま湯に浸かって惰眠を貪る会計事務所は、消えて当たり前です。


しかし、前述したように業界のいろんな会合に出ても、そこに私が思うほどの危機感はありません。

迫りくる難局に、本当に何も危機を感じないのでしょうか。

感じている人がいたとしても、ごく少数で業界の声にはならないのかもしれません。


では、なぜ危機感がないのでしょうか。

私なりに考えてみました。

職業会計人に「顧問先を己自身と思う発想がない」のです。

顧問先の経営者を、己自身と思えるかというのは、当事者意識を持って職務に当たるということです。

これは、職業会計人にとって非常に重要です。

当事者意識を持つことで、もはや他人事ではなくなります。

顧問先が赤字であれば、それは己自身のことなので、何とか改善しようという思いが出てきます。

そういう職業会計人であれば、経営者は喜んで相談もしてくれるし、信頼もしてくれます。

記帳代行の職業会計人は、自身に「顧問先の経営者を己自身と思えるか」と、問うことがなかったのではないでしょうか。

事務所の職員に対しても「お前は俺だよと思えるか」と問うてこなかったと思います。

職員を己自身と思えば、愛情をもって厳しくも指導できるはずです。

記帳代行で経営が成り立ってきたので、経営的に顧問先のことも職員のことも考える必要はなかったかもしれません。

しかし今はもう、そういう一人よがりでやっていける時代ではなくなりました。

顧問先を己自身と思って、顧問先を守る。

その自覚が、なんとしても必要です。

私共のグループでは、経営理念に「当事者意識の貫徹」を掲げています。

当事者意識の貫徹とは、顧問先を己自身と思って職務に取り組むことです。

当事者意識を持てば、顧問先の社長は自分自身と同じになります。

そうなれば、我が事として「社長、会社はこうあるべきじゃないですか。自分でやらなきゃ駄目ですよ」と言えます。

会社のあるべき姿を想定して、それを経営計画書に反映させ、販売計画から、人事計画から、資金計画の中から課題をひっぱり出して、社長と真剣勝負で話ができるようになります。

それを実効あるものにするには、社長との接点をいっぱい持たなければなりません。

社長と接点を持たないと、本物の指導者にはなれないからです。

国家資格者というだけで、役割が果たせるわけではないことを自覚しましょう。

顧問先を守る以外、勝ち残る道はない

我々職業会計人の職域であるお客さんは、中小企業です。

中小企業が無くなれば、我々の仕事は無くなります。

それほど中小企業は、我々にとって大切な存在です。

このことさえ理解できれば、職業会計人として中小企業を守るのは当然ということになります。

なぜなら、それが事務所防衛になるからです。


何度も言いますが、中小企業を守るためには経営者と寄り添わないとできません。

しかし、記帳代行で自分の事務所経営に専念してきた職業会計人が、中小企業を守るために経営者に寄り添って経営指導を行うとなると、そう簡単ではないと思います。


でも、それをしないと勝ち残れない。

その現実を、自分自身で認識する必要があります。

そして、今までのやり方を改革するのです。


改革するか、しないかの決断は、あなた自身にかかっています。

それは、人はどう生きるべきかの人生哲学にも関わってきます。

例えば、自分の事務所のことだけを考えていた人が、今度は顧問先のことも考えて仕事をするとなると、まず面倒が先に立ちます。

この面倒という気持ちは、何かを始めようとする際に壁になります。

でも、顧問先に喜んでもらおうという利他の心が強ければ、その壁を乗り越えることができるはずです。

利他の心は、人から強制されて生まれるものではなく、その人の人生観から生まれてくるものと確信します。

結局人は、自分自身で生き方を決めているのですから……。


人生は一度きりです。

職業会計人であるなら、悔いなく生きるために、利他の心で中小企業を守り切る。

それが職業会計人・税理士の勝ち残る道だと思うのですが、どうでしょうか。

利他の心の実践は、職業会計人にとって必須不可欠であると……。

経営者の心の叫びに耳を傾けよ!!

経営者の頭から、一瞬たりとも会社の経営のことが離れることはありません。
資金繰り
売上向上

利益向上
仕事を創ること
将来のこと（ビジョン、経営計画）
社員とその家族を守る
後継者のこと……。

これはひとえに、会社を存続させるという強い責任感からきます。
会社を存続させることは、社員の生活を守ることであり、社会貢献でもあります。

この経営者の思いに、職業会計人はどこまで応えることができるのか。
それが今、問われています。
こういう時代だからこそ、むしろ我々の出番であると私は思います。

社長は常に、会社発展のために社会の動きを見て、考えて、何をするかを決定し、決断し、実践しています。
時に迷い、時に悩み……しかし決断し前に進まなければなりません。

その経営者に寄り添って、共に考え、相談相手になる。

そんな力強い仲間がいたら、経営者はどんなに心強いことでしょうか。

その存在が、我々職業会計人だと思うのですが、皆さんはどうでしょうか。

過去は過去、発心、決心、持続心でやり切ることだ!!

職業会計人には、所得の計算という重要な役割があります。

顧問先を守り、国家を支えるという重要な使命があります。

我々職業会計人が、その役割を果たさなかったら、誰が顧問先を守り、国家を支えるというのでしょうか。


過去は過去。

重要なのは、今からどうするかです。

他人と過去は変えられないと言われます。

従って、自らが変わるしかありません。

まず、職業会計人自身が本来業務に立ち返ることです。

運命打開を、発心、決心、持続心でやり切るしかありません。

私は運命打開のために、自分でも努力をしてきましたが、先輩の姿からいろいろと学んできました。

良いことは、学んで、真似て、実践する。

これが私の信念です。

特に、実践は、何かを為すに当たって非常に重要です。

なぜなら、多くの人は学んでも実践しないからです。

私は一つ一つ、学んで真似て実践してきました。

そこで大切にしてきたのが、経営指導です。

細かい点は本文に譲り、ここでは心構えだけにします。

経営者は孤独です。

経営者の話に耳を傾け、真剣に聞くことから始めます。

それが「利他の心の実践」につながります。

そこで「職業会計人は指導者足り得るか」と自分に問うて、自分の役割を認識します。

そして顧問先の経営者を「己自身と思って」接します。

その姿を私の事務所では「寄り添いザムライ」と呼んでいます。

何より職業会計人としての、誇りに恥じない仕事をすることです。

中小企業の守り人、国家の支え人になることです。

税は政治の鏡であり、
財政は国家の背骨と言われています。

税に関わる者として、こうした心構えで経営指導することが、顧問先の防衛になり、そして自分の事務所の防衛と発展につながることになるのです。

事務所改革で必要な三つのステップ

コロナ騒ぎで苦しむ中小企業、国の方針によって整理統合される中小企業を目の前に、我々職業会計人は、何が何でも中小企業を守らなければなりません。

それをやり遂げるには、事務所トップの決断と実践断行が必要です。

顧問先を守るために改革を実践断行するとなれば、顧問先の社長も「是非そうお願いします」と協力してくれるはずです。

問題は会計事務所のトップが、その決断ができるかどうかです。
私は、トップの生まれ変わりには、三つのステップが必要であると事あるごとに話をしています。

一、現状否定　二、脱皮創造　三、想念実現　です。

第一の現状否定とは、現状に満足しない。新しいものに挑戦することです。例えば、記帳代行だけでは、事務所経営はやっていけないことを自覚することです。改革するには、社員の教育、取引先への丁寧な説明や説得が必要です。面倒なことですが、現状を否定するとは、そうした面倒なことをやらなければなりません。

第二の脱皮創造とは、脱皮して原点に立ち返り〝フトンの寝起き〟を実践することです。脱皮とは、ヘビの如く脱皮の激痛に耐えて生命を維持し成長していくことです。原点に戻るとは創業時の思いに戻ることと、職業会計人の原点に回帰することです。〝フトンの寝起き〟とは、誰よりも朝早くから夜遅くまで仕事に全力投球し、社長業の原点に戻り行動することです。

第三の想念実現とは、「絶対に勝ち組になるぞ」と念じ続けることです。思ったことが実際に実現するということです。顧問先の赤字を絶対に黒字にする、絶対に勝ち抜くという強い思いが、行動に繋がるのです。

人生も会社経営も同じだと思っています。

脱皮するのか　しないのか
もう迷っている暇などない
税理士は国家を支える誇りある職業である
税理士の本来業務に目覚めれば
新しい道が拓け　次の行動が見えてくる

顧問先への思いの強さが行動の原点

いくら脱皮の必要性を説いても、自身が現状に満足していては、改革しようという気にはならないでしょう。

改革するには、事務所経営の危機感があるか、ないか。

職業会計人としての、正しい使命感があるか、ないか。

これがないと、本気で改革しようという思いは出てこないでしょう。


そこに共通して、存在しているものがあります。

それは、顧問先です。

顧問先に喜んでもらう以外、会計事務所が勝ち残る方法はないということです。


中小企業の経営者は必至で生きています。

経営者は、経営の全責任は自分唯一人と分かっているからです。

軽々しくは言えませんが、経営者はまさに命をかけて日常業務に励んでいるのです。


会計事務所として、その経営者に喜んでもらいたい。

税理士・職業会計人としての使命感があれば、その思いがふつふつと湧いてくるはずです。

私共の事務所では、記帳代行からの脱皮を決意してから、コツコツと使命を果たそうと頑張ってきました。

社長の思いを感じ取り、社長に寄り添って、経営指導を行う。

顧問先社長を己自身であるとの自覚と熱き想いを持って、社長に接し、最善を尽くす。

〝寄り添いザムライ〟となって社長の良き相談相手になる。

そのエネルギーの原点は、顧問先を守ることです。
顧問先なくして、我々職業会計人もありません。

命を懸けて経営にあたっている経営者に
経営のアドバイスができるかどうか
それができない会計事務所は顧問先が離れていく

逆に経営者と一体となって経営を考え
経営指導をしてくれる会計事務所は
経営者が離さない

リーダーの決断が事務所の運命を決める

リーダーの決断は、その組織の運命を決めます。

時代が困難な時であればあるほど、リーダーの決断は重要です。

今こそ職業会計人は、「中小企業の存続のために尽力せよ」というのが、コロナ禍が突きつけた我々に対するお告げだと私は受け止めています。


変えるべきことは変える。

守るべきことは守る。


その決断が、リーダーとしてできるかどうかにかかっています。

顧問先のため、国家のため、職員のため、そして自分の事務所のために、これからどう進むべきかの未来像を描き、それを断固やり遂げることを決断することです。


変えるべきことは変え、守るべきものは守るべきです！

自分の事務所さえ良ければいいという記帳代行、申告書類の作成を行う下請け的存在の時代はもう終わりです。

命ある者として、死を待つだけでは情けないと思いませんか?!


退路遮断する。

思い切って経営指導を行う職業会計人に生まれ変わる、大変革者たる時です。

厳しい一歩かもしれませんが、一度しかない人生、今しかないチャンスです!!

難しいチャンスだからこそ、挑戦すべき時なのです。

それが、人生の醍醐味ではないでしょうか。


一歩踏み出すその先にあるのは、「あなたに助けられた」という顧問先の喜ぶ顔があるのです。

一歩踏み出すことで、顧問先から「これからも宜しくお願い致します」と言ってもらえることは間違いありません。

そこに職業会計人としての誇りが生まれ、更に頑張ろうという気持ちも生まれるものです。


今だけ、自分だけの職業会計人に、誇りがあるとは思えません。

職業会計人としての誇りを取り戻し、事務所を大変革しようではありませんか?!

退路遮断　大事なのは革新の覚悟と実践

どんな業界でも、今までと同じことをやって飯が喰えるなんて思うのは、自ら墓穴を掘っているようなものです。

コロナ感染による大打撃は、１００年に一回の大断層です。

１９１８年から3年間大流行したスペインかぜを調べてみると、いずれも推定ですが全世界で感染者は5億人、死者は２０００万人から４０００万人と言われています。

今回のコロナが、どこまで広がるか、早く終息して欲しいと願うばかりです。


飯が喰えるかの大断層と言えば、まさに昭和20年8月の終戦を迎えたと同じです。

終戦と言っても、若い人は何のことか分からないかもしれません。

日本は大東亜戦争（太平洋戦争）でアメリカやイギリスなどと戦い、昭和20（１９４５）年8月15日に降伏、２０２１年は、終戦より76年目になります。


敗戦した日本は、まさに生きるのがやっとの状態でした。

何もかも手探りで生きるしかありませんでした。

食べるものがない。

住む家も満足にない。

着るものだって限られていた。

せめて子供だけには食べさせたい。

ないないづくしで先が見えない。

それでもみんな、手探りで生きてきました。

そして、今の日本があるのです。

手探りの中で大事なのは「革新」です。

革新することによって、明日が見える。

今までと同じことやっていたら、革新はできません。

結果は、消えてなくなるだけです。

会計事務所もまた、同じだと思いませんか。

中小企業経営者の心の支えになること

何があっても、職業会計人として中小企業を守り切る。

これが、私ども職業会計人・税理士の使命です。

私共の事務所では、利他の心をもって、経営者の寄り添いザムライとなり、命がけで中小企業の黒字化を推進してきました。

繰り返しになりますが、中小企業を守るためには、経営者に寄り添うことです。

寄り添えば、経営者の本音が聞けます。

寄り添えば、経営者の心の支えになれます。

経営者に寄り添うことで、経営指導を親身になって取り組むことができます。

コロナのように大変な状況になると、経営者は弱気になって「コロナでねえ」と愚痴をこぼすものです。

その時の対応の仕方で、職業会計人の真価が問われます。

職業会計人が「そうですねえ」と答えて終わらせてしまっては、職業会計人としての存在価値が下がります。

顧問先に対する愛情の、かけらも感じないからです。


一方、「確かに状況は厳しいです。しかしピンチはチャンスと言います。チャンスですよ、チャンスにしましょう。私も全力で御社の改革を支援しますよ。おまかせください!!」と言われたら、経営者はどう感じるでしょうか。

心に不安を感じながらでも、嬉しいはずです。

励みの言葉として、受け取ってくれるはずです。

ピンチはチャンスなのです。

多くの先人が、私達にピンチをチャンスに変えた姿を見せてくれています。

あなたの事務所は、中小企業経営者の心の支えになっているでしょうか。

もしなっていないなら、今が変革のチャンスだと捉えることです。

コロナ禍という大変な時だからこそ、今までできなかった改革のチャンスなのです。

コロナ禍で負けてしまったら、職業会計人として、税理士として、一生活躍する場は与えられないのではと思っています。

社員と社員の家族を命がけで守る

コロナ禍の中で、私共のグループが取り組んでいる一例を紹介します。

赤字の顧問先を訪問し、私共の覚悟を伝えています。

「まず一年間、我々は全力で支援しますから、コロナに負けないで赤字会社から黒字会社に転換する決意を固めてください」

すると、私が常々赤字会社は倒産予備群だと言っていますので、「もうコロナでダメです」と弱音を吐く経営者がいます。

冗談じゃないです。

「顧問先を一社も潰さない」

「一社も潰させない」

と、私共の不退転の決意を経営者に伝えます。


そしてさらに続けます。

「社長、そういう弱腰で社員にどうやって説明するんですか。

経営者としての使命感は無いのですか。

トップとしての役割は何だと思いますか。

社員と社員の家族を命がけで守ることです。

命がけで社員と社員の家族を守らなければならないトップが、そんな弱気でどうするんですか。

社員と社員の家族を守ると、覚悟を決めてください。

勝ち抜く経営者になってください。

今こそ本物になって、赤字会社から黒字会社にしていきましょう。

黒字会社に留まらず、我々が支援する優良会社にしていきましょう。

我々が全力で支援します」と。

そこに我々職業会計人としてのプライドがあるわけです。

プライドがあるから、メリットがあるのです。

プライドが持てなければ、メリットは出てきません。


職業会計人が、まず勝ち抜くことを決意し、その思いを経営者に伝え、共有するのです。

この思いの共有は、経営指導においてとても大事です。

逆境は生まれ変わりのチャンス

逆境に遭って、全ての人が乗り切るわけではありませんが、乗り切った人は逆境を生まれ変わりのチャンスにしています。

困難を乗り越えてきた人は必ず言います。

「あの困難が私を強くした」

「あの困難があったからこそ今の自分がある」と。


我々も顧問先が半減する逆境を生かして、中小企業を完全防衛して行けば、逆境をチャンスに変えたことになります。

事務所防衛にも繋がるからです。


避けがたい困難に遭遇した場合、それから逃げている間は決して解決には至りません。

そんな時、重要なことは、まずその困難の事実を受け入れることです。

受け入れて、具体的に行動を起こして困難に立ち向かうのです。

その結果、うまくいかないこともあります。

しかし、行動する前とは違った面が見えているはずです。

解決に向かって一歩前進と言えない場合でも、状況が変わったというのは行動した結果です。

うまくいかなかったら、またやり直す。

一番いけないことは、何もしないことなのです。


そうです。100年に一度のコロナ危機をチャンスにするのです。

何事も、やる気さえあれば、遅いということはありません。

顧問先は、我々の経営指導を今か今かと待っています。


「獅子は我が子を千尋の谷につき落とす」という故事があります。

深い谷に落とされても、生命力の高い子供は這い上がってきます。

その子供のみを育てるという意味です。

今まさに、谷底に落とされようとしているのが我々職業会計人です。
新型コロナが「職業会計人よ、逆境から立ち上がれ」と言っているようです。

今を置いて、改革のチャンスはありません。
なぜなら、今回のピンチは１００年に一度のことだからです。

中小企業を守るため、国家を支えるため、決意新たに事務所革新の経営維新を断行し、誇りある職業会計人の姿を、我々の職域である頑張る中小企業のトップに力強く訴え、同志的結合・血縁的集団として、まさに当事者意識を有する存在になり切りましょう!!

第5章　ＪＰＡ総研グループの歩みと勝ち抜くための五大業務

記帳代行型事務所から自計化事務所に脱皮

では記帳代行事務所から経営指導ができる会計事務所になるためには、具体的にどうすればいいのか。

それが一番知りたいところだと思います。

第4章では、改革を決断し、断行する際に必要な職業会計人としての考え方、心構えなどを中心に述べてきました。

第5章では、私共JPA総研グループが、どのような歩みをして現在に至っているのかを簡単に説明し、現在取り組んでいる五大業務を紹介します。

記帳代行の会計事務所は、帳面屋、決算屋、申告屋の事務屋さんと言われるように、決算書を作り税務署に申告して終わりです。せっかく作った決算書は生かされません。

それに――社長に決算の報告は当然するでしょうが――社長と話し合う必要がないので、その時間を持ちません。

社長と話し合う時間を持たなければ、経営指導はできません。

ですから、第一にしなければならないのは、社長と話し合う時間を持つことです。

これが、記帳代行から脱皮する第一歩です。

記帳代行では、せっかく作った決算書を税務署に申告だけで、顧問先の経営に役立てることはありません。

まことにもったいないことです。

決算書の中には、経営に役立つ情報が沢山含まれています。

赤字か黒字かはもちろん、資金繰り、順調な部門、足を引っ張っている部門、無駄な経費、正しく入出金がされているか、経営の実態がどうなっているのかなど、様々なことが読み取れます。

素早く会社の実態を把握し、それを基にして経営者と話し合う。

早ければ、早いほど、早く手を打つことができます。

それが年に一回だったら、打つ手の時期を失ってしまうことになります。

それを、毎月やるのです。

領収書を預かり記帳してからでは、まとめるまで時間がかかります。

そのためには、自計化する必要があります。

事務所改革を決断したら、まず自計化をやりましょう。

私の事務所も、まず記帳代行から自計化へ徐々に移行しながら、毎月の巡回監査を実施してきました。

記帳代行事務所からの脱皮は、まず自計化することです。

月次巡回監査を例外なく実施し社長と面談する

巡回監査とは、会計の正確性、適時性を確保するために顧問先を訪問して、書類のチェック、社長面談を定期的に行うことです。

50年も前のＴＫＣの入会当時、巡回監査をやるのは大変な努力の連続でした。
それには、人手がかかるからです。
そこまでコストかけてやる必要があるのか。
人を使ったら採算が合わないというのが、その当時の同業者の意見でした。
私は違いました。
借金してでもやるべきだと考え、巡回監査をスタートして１００％やってきました。
やるべき時には、断固例外なくやる!!
何かを為す時には、これが非常に重要です。

ここで一番重要なことは、社長に会うことです。

社長は実務の方を優先するので、忙しいとか、面倒とか言って巡回監査のための時間をとってくれない場合があります。

それでも、しつこくお願いして時間をとってもらうのです!!

社長との面談ができて、初めて経営指導が可能になります。


会社を存続させていくために、話し合うことは沢山あります。

お客さんに喜んでもらえる会社づくり。

社員が生き甲斐を持って働ける会社づくり。

より利益を確保するために何をしたら良いか。

不採算部門のカットをやるか、やらないか。

新しい商品開発をどう進めるか等々……。

………


経営指導に当たって、準備も必要です。

例えば、経営計画書がない場合、その作成から始めます。

最初は社長に、なぜ経営計画書が必要なのかの説明が必要です。

社長のビジョンを言葉にして、社員も理解できるようにします。

いわゆる、ビジョンの見える化です。

見える化で、社員の意識統一、進捗の確認、対策などができるようになります。
ビジョンを文章化することは、表現の仕方など結構面倒なものです。
経営計画書の過程で、社長と職業会計人はビジョンを共有できます。
ともかくやり出せば、やることはいろいろあります。

経営指導を行うためには、勉強もしなければなりません。
経営指導に当たった一つ一つが、勉強になります。
また、先輩や本などからも学びましょう。
後で述べますが、大事なことは学んで、真似て、実践することです。

ともかく社長と会う。
社長と面談しなければ、経営指導はできません。
それを解決するのが巡回監査です。
自計化し、巡回監査を行う。
この二つが、記帳代行事務所から脱皮する絶対条件となります。

記帳代行から脱皮したＪＰＡ総研グループの歩み

記帳代行からの脱皮に当たって、一つ目は自計化、二つ目は巡回監査の話をしました。

この二つが経営指導のスタートになります。

当然、ＪＰＡ総研グループもそこからスタートを切りました。

その後、どのような取り組みをしてきたか、それをどう継続させてきたか、参考になると思い紹介します。

ここまで55年、コツコツと積み重ねてきた結果です。

これが現在、ＪＰＡ総研グループの五大業務となって展開されています。

・顧問先防衛の保険指導を展開（職域防衛につながる）

我々の仕事は、危機管理業が根底にあります。

もしもに備えて、顧問先に勧めています。

・継続ＭＡＳで顧問先の黒字化率70％以上を維持

継続ＭＡＳのＭＡＳは、マネジメント・アドバイザーリー・サービスのことです。

中期・短期経営計画の策定、予実管理、資金繰り対策などにつき、業績検討会、戦略的決算対策検討会を通して的確なアドバイスを実施。先を見越した戦略的な経営を支援し、顧問先企業の黒字経営、永続的な発展・成長を支援する、儲かる仕組みづくりとヤル気の土俵づくりの実践指導です。

・FX4クラウドなどTKCが世界に誇れる戦略マシーンを顧問先で活用

決算書を作成するだけでなく、経営課題と解決策を見つけることができるTKC会計システムで、この活用によって経営指導の質が高く評価されています。

・年4回の儀式の開催

コロナによって現在はテレビ会議になっていますが、年4回、全員集合で実施していました。顔を合わせ、全員の意識を高めることが狙いです。

▼一月：新春方針発表会

▼四月：合同入社式。これを機に我がグループの方針を知る

▼七月：グループ経営指針の発表及び全社経営計画発表会

▼十月：JPA秋季大学

年一回開催の秋季大学は、令和2年で35回を迎えました。職員の日々の努力で全社の品質レベルが向上し、それが会社の実績として積み上がっています。

秋季大学は、数々の業務品質向上の成果を上げています。

毎年十月、全職員が集まって2泊3日行って来ましたが、令和2年は、コロナの関係からリモートで行いました。

大きく分けて二つの研修があります。

一つは全職員が成功体験の報告書を提出し、秋季大学の当日事前に選ばれた30名が発表し、その中から最優秀賞と優秀賞が選ばれます。

もう一つはＪＰＡ総研が取り組む主要テーマ別に分科会を開きます。

その成果たるや、今ではＴＫＣ会員のフロントランナーとしての地位を創り出しています。

それは、出席者全員が受講生ではなく、当事者意識を持って参加しているからです。

決して、ただ聞いて終わりにはしないのです。

秋季大学は、本当に素晴らしい成果を上げています。

参加者全員が、本当によく頑張ってくれます。

・社員への高分配率を実施

・公正、公平な会計処理

・書面添付つき電子申告、99・5％の申告是認体制を確立

・申是優良会社造り

・ハッピーエンディングノートの作成指導

・人材の採用から育成までを行う人材開発推進部設立

・人格承継によるM＆Aを開始

これらの業務を円滑に行うための資格者が、ＪＰＡ総研にはおります。

税理士
社労士
行政書士
経営管理士
危機管理士
そして弁護士

これら資格者の士業集団として、ＪＰＡ総研グループは五大業務を展開しています。

そして、後で詳しく述べますが、将来を見据えて、ＪＰＡ総研グループをＪＰＡ総研経営参与グループとして、令和2年7月1日よりスタートさせました。

経営参与となることで、顧問先を守り、会計事務所の使命を果たすことができると確信しております。

五大業務推進に魂をこめた会社案内

五大業務は、ＪＰＡ総研経営参与グループ55年の集大成として全社あげて取り組んでいるものです。

時を同じくして、ＪＰＡ総研グループからＪＰＡ総研経営参与グループとしてスタートしたこともあり、新しい会社案内（パンフレット）を作りました。

表紙にサムライの上半身を載せました（113ページ参照）。

我々が目指している寄り添いザムライ、すなわちサムライ業の実践を意味します。

これまで我々は、武士道の精神を以てサムライ業の集団たらんとして鍛えてきました。

パンフレットに顔がありません。

パンフレットを顧問先の経営者に渡す時、自分の顔を入れるからです。

私が責任を持つ、という決意の表明を示すためです。

いつクビになってもいいという覚悟の表明です。

それは、我々がサムライ業の実践者だからです。


「武士道とは死ぬことなりと見つけたり」


葉隠れ武士道の武士道精神を表す言葉ですが、我々の立場で言えば顧問先から捨てられたら死を意味するということです。

そうならないために、クビをかけてやります。

ということを示しているのが、新しいパンフレットの表紙です。

そういう思いをこのパンフレットに込めたわけです。


また、手渡したら今度は社長の胸にパンフレット当てて、顔を添えてもらいます。

「社長、良く似合いますね。武士道でいきましょう」

と約束する。

というようにパンフレットを使います。

ACCOUNTING & MANAGEMENT
JPA
ACCOUNTING & MANAGEMENT
JPA
ACCOUNTING & MANAGEMENT
JPA
JPA総研経営参与グループ
会社案内

五大業務を推進する経営参与グループの組織体制

ＪＰＡ総研経営参与グループは、五大法人とＪＰＡ五大会社が融合して参与業務を行っています。

五大法人は、寄り添いザムライ業集団。
ＪＰＡ五大会社は、おもてなしサービス業の経営参与集団です。

おもてなしというのは、表も裏もないという意味もあります。
お世辞で社長を、よいしょするために我々があるのではありません。

寄り添いザムライというのは、厳しい時には厳しく、そして成功した時には褒めて褒めて褒め尽くす。そのために五大業務があるわけです。

「資格者プロフェッション（五大法人）」と「おもてなしサービス業務（ＪＰＡ五大会社）」がどのように連動しているかを説明します。

五大業務は**「資格者プロフェッション」**—**「おもてなしサービス業務」**のように連動

主な業務内容（これらを図にしたのが116ページ）

税理士（法人）—日本パートナー経営参与事務所（会計事務所を改め）

未来会計、未来経営、社長業務支援

社会保険労務士（法人）—パートナーバンク21社

人財コンサル、採用、派遣、人財育成、紹介支援、経営者育成

行政書士（法人）—財産クリニック社

相続対策、ハッピーエンディング・ライフプラン指導

経営管理士（法人）—JPA国際コンサルタンツ社

事業承継、M&Aプロ指導、海外進出、投資、国際税務申告指導

危機管理士（法人）—危機管理コンサルティング社

企業防衛、超リスマネ保険指導

◎ＪＰＡ総研経営参与グループは、
五大法人１００人の寄り添いザムライ業集団（専門家集団）です。

JPA総研経営参与グループ

総合未来ビジョン組織体制一覧

5大法人100人の
寄り添いザムライ業集団

JPA5大会社
おもてなしサービスの経営参与集団

資格者プロフェッショナル

総合化

おもてなしサービス業務

JPA総研経営参与グループ

- 税理士(法人)
- 社労士(法人)
- 行政書士(法人)
- 経営管理士(法人)
- 危機管理士(法人)

- 日本パートナー経営参与事務所
（会計事務所改め）
（未来会計、未来経営、社長業務支援）
- パートナーバンク21
（人材コンサル、採用、派遣、人材育成、紹介支援）
- JPA財産クリニック
（相続対策、パッピーエンディング・ライフプラン指導）
- JPA国際コンサルタンツ
（事業継承、M&A、プロ指導、海外進出、投資、国際税務申告指導）
- 危機管理コンサルタンツ
（企業防衛、超リスマネ保険指導）

専門化　立体化　融合化

JPA総研経営参与グループ

日本パートナー会計事務所（税理士法人）

これまでの会計事務所を経営参与事務所と改めます。

未来会計、未来経営、社長業務の支援を使命として取り組みます。

過去に軸足を置く記帳、決算、税務申告、これらの効率化を考える集団の考え方とは違います。

今までは、会計で経営を強くするというのが我々の考えでした。

未来会計はそうではなく、経営に会計を生かし、何としてでも中小企業を守り、存続、発展させていくものです。

そのためには、今まで以上に中身を濃く社長に寄り添わなければなりません。

そして社長から、「パートナー経営参与事務所に頼んでよかった。社労士も行政書士も経営コンサルタントもいて、何でも相談に乗ってもらえて答えがもらえる。そういう所に頼んでよかった」

と、感謝される事務所になったと喜んでいるところです。

次に株式会社日本パートナー会計事務所と日本パートナー税理士法人の業務内容を紹介します。

株式会社 日本パートナー会計事務所の業務案内

経営者の寄り添い侍として　自利利他の実践に徹する

「会計事務所」から「経営参与事務所」へ!!

税務会計のみならず、経営上の様々な問題を経営者の皆様と共に考え、親身の相談相手として顧問先を守り、更に発展させることを最大の使命と位置付けております。具体的には次のような業務を行います。

1　FX４クラウドによる完全自計化指導
　世界一の会計データセンターであるＴＫＣが最先端戦略マシーンとして推進するFX４クラウドによる仕訳読み取り機能を駆使した完全自計化を指導します。

2　書面添付による申告是認優良会社創り
　毎月の巡回監査により、月次データの適時性、適格性、適正性を検証し、税理士法33条の2による書面添付と、ＴＫＣの第三者証明たる適時性処理証明書の添付により、税務官公署、銀行等の金融関係の全面的信頼を獲得しております。

3　資金管理指導

向こう6か月の資金繰りの見通し、支払管理の確立を助言指導いたします。

4　経営者自らによる経営計画書作成指導

経営者自らが経営計画書を作成し、その予実績管理を徹底して実践し、利益体制を確立するための助言指導を行います。

5　企業防衛とリスクマネジメント

人的なリスクに対する企業防衛制度と、物的な損害等に備えるリスクマネジメント制度による助言指導を行います。

6　ワンストップサービス

人事、労務、法務等の整備を当社の五大専門法人と協力して融合化してワンストップサービス集団として行って参ります。

「すごいぞ、FX４クラウドって!!」

私共は、FX４の戦略マシーンを顧問先約８００社で活用して、日本一の業務品質の誇れる仕事を実践できるようになりました。

FX４クラウドを活用せずして、どうやって業務品質を上げていくのでしょうか。あっても使わなければ宝の持ち腐れです。

実際に活用することで、FX４は実に役立つ仕事として繋がっていることを実感します。

FX４は、世界一のマシーンと言ってもいい優れものです。

ドイツのダーテフに行った時に、本当にそう思いました。

「TKCのようにはなれませんけれども、我々も一緒になってTKCに教わりながらドイツの職業会計に貢献していきたい」

と言われたことを良く覚えています。

FX４クラウドは、本当に優れたマシーンです。

顧問先の社長は、FX４クラウドの導入によって、どこをどう押えれば黒字になるか、回復するかということが分かってきています。

だから「すごいぞ、FX４クラウドって」となるわけです。

FX４クラウドを導入していないＴＫＣ会員には、導入を強くお勧めします。使えば、その働きの凄さが分かります。

日本パートナー税理士法人の業務内容

租税正義の実現へ全力で取り組む　業歴豊富な税理士集団

顧問先のＰＤＣＡサイグルを確立することにより顧問先を黒字会社へ、黒字会社からさらに優良会社へ導く支援を致します。常に顧問先に寄り添い、経営参与としての役割を果たしていきます。また、高齢化に伴って相談が増えている事業承継や相続対策・Ｍ＆Ａ等の指導をするとともにグローバル化が進んでいる現代においては海外に事業展開する企業が増加していますので、国際税務についても大々的にご指導を致します。

1　税務書類の作成及び申告業務

中是優良企業誕生支援による申告是認率99・９％、黒字会社づくり80％超の達成を支援します。

2　法務・税務相談及びタックスプランニング提案

総合法律経済関係事務所としてワンストップサービス体制による指導を致します。

3　事業承継支援

ハッピーエンディングノート作成・事業承継・相続対策・M&A指導を致します。

4　連結納税

連結納税コンサルティング及び税務相談並びに申告業務指導を致します。

5　国際税務

国際税務・国際進出・海外不動産税務対策指導を致します。

パートナーバンク21（社会保険労務士法人）

パートナーバンク21は、人財コンサルタントによる採用、派遣、人財紹介等の支援業務です。

後継者のいない会社に、後継者となる社長候補を紹介します。

今、大変な反響です。


コロナ時代を迎えてもう会社をやめようと思う社長に、せっかく30年も40年も築いた会社をそう簡単にやめさせない。

事業承継していきましょうと勧める。

しかし、後継者がいないという会社が多いのが実態です。

私共の事務所の顧問先にも40％あります。


コロナ禍のこの時代、顧問先がこの1年、2年、3年で消えてなくなってもおかしくない状況にあります。

そうなったら我々職業会計人にとっても大変なことになります。

そうでなくても今の日本には、中小企業の50％近い125万社が倒産予備群となっています。

そういう会社・社長に「後継者になる候補がいますよ」と紹介するのです。

後継者の候補の紹介のみならず、中小企業にとって人財採用を支援しています。

そうした面でも顧問先の経営者には、喜んでいただいています。

またAIによる手続き業務の合理化が進んでいますが、それに反して「人」に関する経営者の悩みは複雑化しています。

それらも顧問先に寄り添い、解決に向けた相談にのっています。

次に、株式会社パートナーバンク21と日本パートナー社会保険労務士法人の業務内容を紹介します。

株式会社　パートナーバンク21の業務内容

人財の採用から育成まで　企業は人なり組織なり

顧問先の「人」の問題をすべて解決します。

1　経理事務・総務に特化した人財を派遣

中小企業のアウトソーシングカンパニーとして、経理・事務・総務庶務の人財派遣を徹底し、顧問先の黒字化と成長発展に貢献します。

2　信頼出来る人財を紹介

企業が人を募集するときに、求める企業側と求職者側の人格が一致するかどうかが問題となりますが、お互いのニーズに合致した人財を紹介します。

3　事業承継問題、後継者育成・後継者の紹介で解決する

顧問先企業の良き人財パートナーとして、後継者問題を抱える顧問先に対して、後継者の紹介を行います。当社での経営者研修会や指導のもと、しっかりと事業を継続出来る人財を紹介します。

4　採用広告を使用した人財の採用提案

現代の主流ともなっている「求人広告」による採用。掲載するだけでも高額な費用がかかりますが、当社ではしっかりとした媒体分析から掲載費用の削減へ繋げる手法をご支援致します。

5　外国人採用から教育についての提案

近年増える外国人労働者の採用。入管法や雇用対策法の改正に伴い、今後は益々外国人の需要は増加傾向にあります。今後は市場を把握した上での雇用手法、教育をご支援して参ります。

6　人財コンサルティング

人材を「人財」に育て上げるための教育研修や、数多く存在する採用手法の選定、顧問先に寄り添う中小企業の人事労務コンサルティング役としてご支援します。

労働者派遣事業許可番号

派13-314692

有料職業紹介事業許可番号

13-ユ-311914

日本パートナー社会保険労務士法人の業務内容

働きがいのある企業創りへ　人事労務の専門家集団

「働き方改革」から「働き甲斐改革」へ

日本パートナー社会保険労務士法人は、日々の人事労務相談、就業規則、雇用に関する助成金などを中心に、企業の人事労務問題をトータルサポートさせて頂きます。現在「働き方改革」により多くの企業様から相談を受ける一方で、我々は人事労務の制度構築や労務管理だけでなく、その先にある従業員のモチベーションアップに至るまでをサポートいたします。従業員の「働き甲斐改革」をサポートするために、会計業務から人事労務までワンストップで経営に参与していきます。

1　就業規則、各種諸規程の作成

・変形労働時間制、裁量労働制を活用した就業規則作成
・マイナンバー制度に対応した就業規則作成
・退職金制度の設計
・出張旅費規程、退職金規程等の人事諸規程作成

2　人事評価、賃金制度設計の相談
・人事考課制度の設計
・賃金体系の整理
・労働条件・福利厚生の設計

3　労働社会保険の手続き代行
・従業員の入社・退社に関する資格取得・喪失の届出
・扶養家族、氏名、住所等の変更届出
・労災・健康保険・雇用保険の給付請求
・労働保険年度更新、社会保険算定基礎届

4　助成金の申請代行
・助成金の相談、給付申請など

5　年金相談
・年金の加入期間・受給資格などの説明
・年金の支給に関する書類の代理作成

・行政機関への請求書提出

後継者を育成し人格承継の人財を紹介する

社長候補を紹介する話の続きです。

我々が社長候補を紹介するのは、人格承継を目的としています。

後継者がいない中小企業に、我々が後継者を育成派遣し、最終的には経営者となって事業を承継してもらうやり方です。

その経営者の募集を金融機関に求めています。


現実に、社長候補となる人はいます。

この前もある東北の銀行の支店長と話をしました。

彼は今60歳、ちょうど定年だそうです。

定年後、何をやっていいかわからないというので、経営者をやればいいと勧めてみました。

一方、会社の方では40年経営をやってきたけれども、残念ながら後継者が育たなかった。

いい人財を育てられないまま自分も歳を取り、コロナ禍の時代を迎えてしまった。

もう体も続かない。

誰かいい後継者がいないかなあ、と悩んでいる社長がいるのです。

見方を変えれば、その分、我々が行う社長候補の紹介に期待しているわけです。

当然、紹介だけでなく経営者としての指導を行います。

そして「社長、この人はある金融機関の出身で支店長を2回も3回もやっています。どうですか。一回使ってみてください。その上で後継者になれるかどうか判断してください」と社長候補を紹介するのです。

後継者がいない中小企業、赤字企業を整理統合しようというのが、国家の方針です。

第1章で述べたように、200万社が淘汰される現実があります。

後継者を紹介してもらえるというのは、後継者のいない経営者にとっては、どれほど嬉しく有り難いことか。

人格承継の声を上げて間もないですが、その問い合わせからその期待の大きさを実感しています。

これがパートナーバンク21の新しい人財紹介支援です。

財産クリニック社（行政書士法人）

財産クリニックは、相続対策、ハッピーエンディング・ライフプランの指導です。

一般に行政書士会でやっているのはエンディングノートです。

それは遺書と同じですから、「社長、遺書を書いてください」と言うのと同じです。

そうなれば、「何が目当てなんだ」と言われてしまいます。


我々は、ハッピーな老後、人生１００年時代のハッピーな老後を一緒に考えておきましょうとお勧めするので、書くのはウエルカムです。

社長は喜んで、我々によろしくと依頼してくれます。

そういう関係ができれば、法人も個人も我々のクライアントとして引き継がれていきます。

次に、株式会社ＪＰＡ財産クリニックと日本パートナー行政書士法人の業務内容を紹介します。

株式会社　ＪＰＡ財産クリニックの業務内容

資産防衛から活用まで　真の資産価値をご提案

1　安全・安心な優良住宅建築の提案

2　健全な相続対策の提案

3　不動産による個人年金作りの提案

4　資産の組替え・買替えの提案

5　資産の有効活用の提案

6　資産価値を増すリフォームの提案

7　資産売却、資産購入の御支援

8　財産の健全性診断

提携企業様

積水ハウス株式会社
積水ハウス不動産東京株式会社
大和ハウス工業株式会社
日本住宅流通株式会社
株式会社日本財託
株式会社アセットプランニング
明和地所株式会社
株式会社ジェイ・エス・ビー
株式会社インテリックス
株式会社ＦＰＧ

日本パートナー行政書士法人の業務内容

ゆりかごから墓場まで　円満な相続対策の実現

当法人はオリジナルの『ハッピーエンディングノート』を開発し、税理士法人と知恵を出し合いながら、関与先の皆様のライフプランの作成、財産状況の把握、遺言書や相続対策の積極提案と受託に取り組んでいます。

「ハッピーエンディング相続対策支援」は当グループの五大重点業務の一つとされ、老齢化社会の時代に求められる非常に重要な業務です。

「ゆりかごから墓場まで」を支援するエンドレス業務であり、「顧問先は己自身」との精神でお客様の一生に深くかかわり、関与する皆様すべての幸せのために親身な相談相手として寄り添って参ります。

社内には経営管理士も数多く所属し、行政書士と連携しながら必ず訪れる社長交代の時に備え、事業承継とM＆Aをスムーズに行い、顧問先及び従業員の皆様をお守りすべく日々研鑽を重ね、特に後継者不在の中小企業顧問先の永続発展に貢献して参ります。

1　相続対策支援、遺言書作成について

・財産目録の作成、ハッピーエンディングノートの作成相談を承ります。
・ご本人の相続に対する考えや希望をじっくりヒアリングさせていただきます。
・財産の内容とご本人の意思にも基づき、遺言書の文案を作成します。
・公正証書による遺言書作成の後も定期的な見直しのお手伝いをさせていただきます。

2　相続手続きについて

・相続後の多岐にわたる煩雑な手続きをサポートいたします。
・忙しくて時間が取れない、相続人が遠くに住んでいる、相続人の人数が多いなど全てのお困りごとに専門スタッフが親身に対応いたします。
・財産調査、遺産分割協議書の作成、各種名義変更などすべてお任せください。

3　会社法務、各種許認可業務について

・定款、議事録、組織再編書類の作成など会社法務に関する様々なご相談を承ります。
・建設業をはじめとした各種許認可申請をサポートします。

ＪＰＡ国際コンサルタンツ社（経営管理士法人）

国際コンサルタンツは、海外進出、投資、国際税務申告指導をやってきましたが、新しい事業として事業承継、Ｍ＆Ａプロ指導を加えました。

それを担当する経営管理士が今は20名います。

これを30名、50名と増やしていきます。

事業承継のプロ集団、プロフェッショナルとしての集団、これをぜひやろうということで始まっています。


これに対する反応が大きく、全社で案件があり大変な要望の数です。

先程述べた経営者を紹介する事業も、まさに事業承継になります。


事業承継と言えば、Ｍ＆Ａが良く知られています。

Ｍ＆Ａというと、大会社の売った、買ったの話をよく聞きます。

我々はその轍を踏みません。

顧問先を人格承継で引き継いでいきます。

事業は継続性の原則（ゴーイング・コンサーン）です。

事業は人であり組織であります。

それを売った、買ったで済ませるわけにはいきません。

それをM＆Aセンターの分林保弘会長と全く考え方を同じくしましたので、「よし、一緒にやろう」ということで、人格承継の事業を始めたわけです。


例えば、後継者のいない会社があり、一方でお金があって経営をしたいという人がいます。

経営をしたい人に後継者のいない会社の会長になってもらい、M＆Aという手法だけを我々が指導します。


逆にお金がなくて、後継者もいない会社があります。

そうしたもう廃業するしかない会社には、経営者候補を我々が紹介し、経営者としての指導もします。

それから、資本と経営を分離します。

それによって、本物の株式会社に生まれ変わります。

資本と経営の分離という新しい時代のM＆Aを推進していきます。

次に、株式会社ＪＰＡ国際コンサルタンツの業務内容を紹介します。

株式会社 ＪＰＡ国際コンサルタンツの業務内容

国際コンサルティングに海外税務と企業の後継者問題を解決

1　事業承継（組織再編）コンサルティング

　私たちが取り組む事業承継は創業の想いや経営に関する考え方、生き方、哲学といった社長の魂がしっかり引き継がれることを大切にしています。いわば『人格承継』です。一社一社それぞれが異なる良さを持つようにその引継ぎ方は会社ごとにオーダーメイドです。社長と共に悩み、苦しみ、そして喜び、事業承継問題を解決します。

2　後継者育成指導

　販売なくして事業なし。いくら良い商品・サービスを創造しても、また技術や品質・人材のレベルがいかに高かろうと商品、サービスを販売できなければ存続し得ないという経営の原則です。中小企業の多くは社長がトップセールスマンです。社長は多くの役割を担っており、その後継者を育成するために必要な哲学、知識の習得と全力投球でトップセールスの「秘訣」を伝授し支援し育成して参ります。

3 M&Aによる事業再生、事業承継

日本M&Aセンターと業務提携し、事業継続に悩む顧問先の事業再生や後継者のいない顧問先の事業承継に取り組んでいます。〝M&A〟というと〝売った〟、〝買った〟というイメージが強いのではないでしょうか。中小企業のM&Aではそのようなことが許されません。そして我々も絶対に行いません。なぜなら、M&Aを行うこと自体が目的ではなく、その後の成長発展こそが目的だからです。中小企業は社長によって成り立っており、社長に売られたと感じた社員は必ず離散し、成長発展どころではなくなってしまいます。かつて経営の神様と称えられた松下幸之助氏の名言のなかに「企業は人なり」という言葉があるように人すなわち社員を抜きにしては企業の統合はできないのです。

社長と社員を大切にした成長戦略を組み込んだM&Aを我々は支援します。また多くのコンサルタントはM&Aの時にはいてくれてもその後の事業統合（PMI）、成長発展の効力をまさに発揮させようと奮起する最も重要な時にはいなくなってしまいます。我々は税理士、行政書士、社労士、経営管理士の100人専門家集団があらゆる困難にも経営参与として継続して寄り添い続けていきますので、M&Aにおいても信頼できるパートナーとしてお任せいただけます。

危機管理コンサルティング社（危機管理士法人）

経営参与事務所の役割、パートナーバンク21の人財派遣、紹介等の支援業務、財産クリニックの相続対策やハッピーエンディング・ライフプランの指導、国際コンサルタントの事業承継など、この４つの仕事に共通しているのが実は危機管理コンサルタントです。
我々の仕事は危機管理業ということになります。

世の中で一番怖いのは危機感のない危機です。
国家もそうです。
事業もそうです。
社会も家庭も危機感のないほど怖い危機はないのです。
一歩先は何が起るか分からない。
それが危機です。
明日は何が起るか分からないのが、世界の現実です。
危機感がないと、備えをしません。
その結果どうなるかの姿は、もう我々の目にははっきりと見えています。

それを先取りして、我々は、税理士法人、社労士法人、行政書士法人、経営管理士法人、そして本物の危機管理士法人を立ち上げているわけです。

その五大法人で五大業務を推進していくというのが我々のスタンスです。

パンフレットは一枚ごとになっているので、新しい時代にマッチしなかったら中身を全部書き直し、追加します。

新しい業務をどんどん開発して、時代を先取りしていきます。

過去には一切足を向けない、手を向けない、目を向けない。

過去会計の時代はとっくに過ぎて、今は未来会計、未来経営の時代になっています。

その中で我々は社労士、行政書士、経営管理士と税理士が一緒になってやるのが危機管理業務です。


社長の仕事は、実は危機管理業なのです。

3年後、5年後に何が起るか分からない。

しかし2年後は大体見える。

そのためには1年後にはどういうふうにするか。

それを我々が支援するのです。

我々ＪＰＡ総研グループは、総合経営参与体制を組み、日本一の富士山を拝み、常に業務品質日本一に挑戦し続けています。

業務品質が時代遅れだったら我々は捨てられます。そうならないために、中身は毎年毎年見直していきます。

次に、一般社団法人危機管理コンサルタンツの業務内容を紹介します。

一般社団法人 危機管理コンサルタンツの業務内容

経営に潜むあらゆるリスクから　顧問先を徹底防衛する

1　ＴＫＣ企業防衛制度に則り、「関与先の永続的発展」「関与先完全防衛の実現」のため、経営者・事業主のリスク・コンサルティングを行い、リスク回避手段を指導いたします。

2　中小企業の保障に特化した大同生命と業務提携し、「中小企業とそこで働くすべての方を様々なリスクからお守りする」という使命感を持って、全面的にサポートいたします。大同生命からは、提携以来50年以上、ＴＫＣ会員専門の組織による充実した支援を頂いております。

死亡保険から、重大疾病保障、入院・介護保障、また退職金準備のための存命保険まで、幅広く取扱っており、さまざまな「まさか」に対処し、備えることで完全防衛を実践しております。

3　当社は、当該リスク回避に対応した制度保険をご提案し、当該保険がどのように対応しているかも含めて十分なご説明をいたします。また、経営者・事業主に十分な説明を行うために、社内研修等を通じ、常に専門知識の向上に努めてまいります。

4　ＴＫＣリスクマネジメント制度に則り、東京海上日動パートナーズと力を合わせ、超リスマネ指導を行います。自然災害による損害、賠償責任、そして労働災害に伴うものなど、多方面に亘り、リスク管理いたします。

5　当社は、関与先の利益の保護に万全を尽くすため、関与先の利益を不当に害するおそれのある取引（利益相反の可能性がある取引）を適切に把握・管理するための体制を整備し、維持・改善に努めてまいります。

6　当社は、コンプライアンス（法令等遵守）とは、あらゆる社会規範を遵守すること、そして、関与先・事業主や社会の信頼に応え、誠実に仕事をしていくことであると考えています。全職員がコンプライアンスの担い手であり、コンプライアンスの推進に取り組んでまいります。

7　当社は、関与先から寄せられたご意見、ご要望、ご不満等を「お客様の声」として真摯に受けとめ、社内で共有し業務運営の改善に努めてまいります。

ＪＰＡ総研グループは業務品質日本一を目指す

ＪＰＡ総研グループは、業務品質日本一を目指しています。

これに恥じない仕事をするというのが、私の言うサムライ業です。社労士、行政書士、税理士、経営管理士、危機管理士の一番下に「士」サムライがついています。ですから我々の業務はサムライ業なのです。

税理士法33条の2に、書面添付税務申告のことが書かれています。我々は、それに基づいて申告しています。

税務調査は、ほとんどありません。

ところが、前にも書きましたが、書面添付を責任取らされると思ってやらない職業会計人がいます。

その考え方では、脱税や不正が見抜けません。

専門家として、顧問先を指導できません。

そういうことがないように、我々は業務品質日本一を目指しています。

業務品質日本一を目指すのは、税理士だけでなく、社労士、行政書士も同じです。

我々は、サムライ業の実践者集団なのです。

単なる事務手続きをやる事務屋になってしまったら、もう生きていけない。

だからサムライ業を実践するのです。

次に、教育研修事業を行っている株式会社ＪＰＡ総合研究所の業務内容を紹介します。

株式会社　ＪＰＡ総合研究所の業務内容

中小企業の成長力を後押しする、やる気と知恵を高める教育セミナーを提供します。

主な事業は教育研修事業です。研修は顧問先様対象と弊社グループ内の社員対象です。業務品質日本一、顧問先の信頼度日本一、社員の幸福度日本一を実現するために、ＪＰＡ総研経営参与グループ全体の教育機関としての役割を担います。

専門職三法人との連携による教育研修の徹底

経営に関する研修事業（社外教育的支援研修）

①戦略ＭＧゲーム研修：儲かる仕組みづくり
②中期経営計画策定研修
③ハッピーエンディングノート活用研修及び事業承継相続対策研修
④危機管理業務の研修
⑤Ｍ＆Ａ実践セミナー
⑥後継者育成経営塾

⑦人材バランスシート活用による人事労務働きがい改革の研修
⑧ＪＰＡ健康大学

社内研修プログラム
①ＳＭＩ勉強会：やる気の土俵づくり
③個人確定申告時の所得税、贈与税研修
④事業承継相続対策及び相続税研修
⑤ＴＫＣFX４クラウドの徹底活用研修
⑥人間力向上を目的にＴＫＣ創業者飯塚毅先生、森信三先生、
安岡正篤先生、稲盛和夫氏など著名人の著書読書会

働き甲斐改革

働くとは、「傍楽」傍(はた)を楽(らく)にすることが、もともとの意味です。周りの人に役立つ大切な行為ということです。

近年「働き方改革」が叫ばれ、法律までできました。私は、真の「働き方改革」は、「働き甲斐改革」にあると考えています。

私共の事務所では、「私の幸福目標」などを、全職員に書いてもらい提出してもらっています。

自らが目標を立てることで、働くことに目標ができ、やる気、働き甲斐が生まれます。
参考に、その様式を紹介します。

令和２年研修　マスタープラン

㈱日本パートナー会計事務所
代表取締役　神野 宗介　殿

私は、以下の研修を今年、強い意志をもって継続実行し、自己の実務能力を向上させるとともに、目指す資格にチャレンジする決意であります。

Ⅰ．業務研修

	ＴＫＣ 時間	事務所 時間	その他 時間	合計 時間
1 税務、職業法規				
2 憲法・民法・商法				
3.ハッピーエンディングマネージメント				
4. 経営計画				
5. MG・SMI				
6. 危機管理				
7. 申是優良企業				
8. 事業承継・相続				
9. M&A				
10. 国際業務				
合　計				

Ⅱ．資格研修

目指す資格　＿＿＿＿＿＿＿＿

本年受験するもの　＿＿＿＿＿＿＿＿

学校学習　＿＿＿＿＿＿＿＿時間
（　　曜日　午前 ・ 午後 ・ 夜 ）

自宅学習　＿＿＿＿＿＿＿＿時間

合　計　＿＿＿＿＿＿＿＿時間

＊ 現在までに取得している資格及び科目

＿＿＿＿　＿＿＿＿　＿＿＿＿

＿＿＿＿　＿＿＿＿　＿＿＿＿

令和　２年　　月　　日

氏名＿＿＿＿＿＿＿＿＿＿＿＿印

㈱日本パートナー会計事務所
代表取締役　神野 宗介　殿

令和　　年　　月　　日
㈱日本パートナー会計事務所
支社名
部課名
氏　名

私の幸福目標

私は人生の一回性を深く思い至り、次の通り価値ある目標実現するため下記の通り宣言します。

Ⅰ　給与目標　　計　　円

内訳
1 1年間給料　円
2 1年間賞与　円
3 特別報奨金　円
4 決算賞与　円
5 新規開拓手当　円
6 保険開拓手当　円
7 その他手当　円

Ⅱ　職務目標

部　　課　　長

Ⅲ　職能目標

助手職　初級職　中級職　上級職　管理職

Ⅳ　家庭サービス

1 家庭サービスデー　　日　　時間
2 住宅・車・家電・ etc
3 その他

Ⅴ　本年度重点目標（人生６分野）

家庭面　経済面　社会面
教養面　精神面　健康面

重点目標のコメント

Ⅵ　人生に賭ける中長期目標

（簡単に身近なものでも）

以上

㈱日本パートナー会計事務所
代表取締役　神野 宗介　殿

第 55 期

私　の　目　標

（令和 2 年 7 月 1 日 ～ 令和 3 年 6 月 30 日）

Ⅰ　新規拡大目標　社
Ⅱ　FX4 導入指導目標　社
Ⅲ　保険指導目標　（契約高　億円）
Ⅳ　生産目標金額（年間）
1．通常業務報酬
①既存関与先（　社）　円（含む個人）
②新規関与先　円
合計　0 円

2．ＭＡＳ業務報酬（新規関与先を含む）
①ＯＡ導入指導報酬　円
②保険開拓報酬　円
③経営計画作成指導報酬　円
④その他（相続税対策等）　円
合　計　0 円
総　計　0 円

上記目標を達成すべく本気で取り組み最善の努力をいたします。

令和　年　月　日

支社

主査

出版業とセミナー業を加えて七大業務体制に

業務品質日本一を目指す我が経営参与グループは、五大業務を通じて中小企業を守り国家を支える使命を果たすことを述べてきました。

我がグループは、五大業務の実践によって「ＪＰＡさんにお願いして良かった」と言ってもらえるワンストップサービス体制を確立することができました。

それをさらに本物にするため、出版業とセミナー業を加えた七大業務を展開します。

第六業務としては、一般社団法人租税正義研究会と一般社団法人日本経営参与協会に所属する専門家、プロ集団を生かした「出版業」です。寄り添いザムライとして日々行動している我がグループのサムライは、その経験、能力を十分に持っています。

第七業務としては、その出版物を活用して社内研修を充実させ、さらには大切な顧問先に対するお役立ち業としての業務実践教育「講演会、研修会」等を行う「セミナー業」です。

この二つの業務は、業務品質日本一を目指す我が経営参与グループにとって、社会的存在価値を高めるためにも、非常に重要だと考えています。

中小企業を守り国家を支える「国家的指導機関」としての使命と役割を持っていると捉えてい

るからです。

それは専門知識を学ぶだけでなく、最終的に目指すところは「人づくり」にあります。

事業は人なり組織なり、単なるノウハウを伝えるのではなく、人として、リーダーとして、責任者としてどう生きるかを共に学びたいと考えています。

例えば、次にＪＰＡ総研グループの経営理念を紹介しますが、これはノウハウではありません。でも「人づくり」には、とても重要です。

志や理念、自利利他の精神なくして、「人づくり」はできません。

そうしたことを根底においた業務を二つ加え、七大業務として取り組んでいきます。

ＪＰＡ総研グループの経営理念と行動基準

五大業務を推進していくのに、我々ＪＰＡ総研グループは、どういう考えで行動していくのか、そのあるべき姿を示したのが、次に紹介する経営理念と行動基準です。

一つ一つの言葉に、ＪＰＡ総研グループに属する者としての強い願いと決意を込めています。

説明の必要がないシンプルな言葉ですが、根底にあるのは顧問先を守るということです。

これを職員一同が心に刻み、遵守しています。

経営理念

1　自利利他の実践

2　当事者意識の貫徹

3　不撓不屈の精神

4　生涯勤労学徒たれ

5　おもてなし業に徹する

行動基準

1、顧問先を己自身と思って行動します。

2、主体的に責任を以て行動し、内容の吟味と組織の知恵を結集して事に当たります。

3、不撓不屈の精神を以て目標を貫徹します。

4、生涯勤労学徒として自己研鑽に努め、何事からも謙虚に学びます。
5、挨拶、報告、連絡、相談、打合せ、根回しを徹底します。

自利利他　租税正義を踏まえ信念を貫き通す

経営理念の最初にある自利利他の精神は、ＴＫＣ創設者 恩師 飯塚毅先生から話を聞くまで私は分かりませんでした。またそういう哲学、宗教に触れることは職業会計人として関係ないと思っていました。

飯塚毅先生は「自利利他」を、自利とは利他を言う、「利他の実践に自利をみる」と言われています。

顧問先を守ろうというのは利他の心であり、経営というのは利他心の実践です。

利他の心は、アメリカでも他の国でも出てくるようになりました。

京セラ創業者の稲盛和夫会長も、同じことを言っています。

私は、利他の心の実践が経営参与のあるべき姿だと思っています。

また飯塚先生は説明会に集まった我々に「経営の指導者たりうる我々が、租税正義を踏まえなかったらどうなる。大事なのは、一円の取り足らざるも、一円の払い過ぎも認めない。そういう哲学を皆さんは持っていますか」

と我々に問いかけ、租税正義を貫く、職業会計人としての使命と目的を説かれました。

すごい先生だ!! そんなことは全く考えてなかった私は、感動して体が震えて席を立てないぐらいでした。それを今もはっきりと覚えています。

私が28歳の時でした。この先生について行こう。自分の人生はここから開ける。そういう気持ちでいっぱいでした。

あれから50年、令和2年1月から、新型コロナウイルスによる混乱が始まりました。

今こそ我々は、新型コロナウイルス大不況に勝つ経営をやると決意し、実行しています。

悲観的に準備はするけれども、楽観的に行動する。

これが、私の変わらぬやり方です。

前取り、前取り、前取りでやっています。

繰り返します。前取り、先取り経営がコロナウイルスに勝つポイントであり、秘訣だと私は感じています。それが、ＪＰＡ総研が目指す経営参与の意味です。

新型コロナウイルスによって大不況に遭遇するであろうクライアント、我々の大切な顧問先である中小企業を全力で守るのは今だという思いでやっています。

経営参与の集団である我々だからこそできる。

そう確信しています。

良いことは学んで真似て実践する

事務所を永続的に経営するには、必要なことを学び実践することです。

それには、良い方法があります。

優れた人の真似をすることです。

私の多くは、恩師 飯塚毅先生の真似です。

教えを学び、真似て、実践してきました。


学ぶとは真似ることです。

真似るというのは、実践断行することです。

学んで真似て実践すればいいのです。

多くの人は学ぶことはやります。
もの知りになります。
しかしそれをなかなか行動に移さない。
行動しなければ、自分のものにはなりません。
大事なことは、真似て実践断行することです。

私はよく言われました。
「神野代表は、飯塚毅先生の真似をしているだけじゃないか」と。
そうです。私は、学んで真似て実践してきただけです。
子供の時からそうでした。
今の私の言葉遣いや動作は、全部親父とお袋の真似です。
みんなも、そうやってきたはずです。

学んでも真似ちゃダメという言う人がいます。
真似て何が悪いというのでしょうか。
自分のものなど、最初っからないのです。
世の中の人は、最初は全部真似から始まっています。
学んで真似て実践する。

そして自分のものにする。
それが謙虚に学ぶ姿勢であり、人生においても、経営においても、そして会計事務所においても全く同じだと思っています。

恩師 飯塚毅先生の教えをどうすれば実践できるか
人間は人の話を聞いて、頭で理解してもなかなか実行に移せない
私は、決めました
先生の身振り手振り、口の聞き方、考え方まで
全部を飯塚先生になりきって肉体化してしまおうと
真似て、真似て、真似ました
それで今日に至っています

第6章　職業会計人経営参与税理士として中小企業を守り切ろう!!

職業会計人60年間の歴史を振り返って

私は昭和35年、会計事務所に入所してから、これまで60年間、中小企業の経営者と向き合ってきました。

昭和45年にはＴＫＣ会員となり、恩師 飯塚毅先生の教えを50年間、学んで、真似て、実践してきました。

お陰様で、バカな税理士から脱皮して今があります。

本書は、全て私の体験からの訴えです。

職業会計人として60年、その歴史の中で発見したことを書き留め、提言するものであります。

60年という歴史は、非常に長く大きくて貴重な体験であったと感じています。

私はビジョン経営を標榜し、我がグループの組織体制を強化し、増収戦略と業務品質日本一を目指し、誰にも負けない努力をもって挑戦するぞーと頑張って参りました。

この姿勢は、ずっと変わっていません。

私の人生は、首尾一貫し、人生のほとんどの時間を占める仕事に、税理士・職業会計人として全力で取り組んできました。しかも、やることは国家を守るという素晴らしい仕事だからです。

日本の国は、中小企業で持っています。

その中小企業の職域を防衛し、運命を打開する仕事です。

本当に素晴らしい仕事です。

毎日、私は感動して仕事に取り組んでいます。

あなたは、どうでしょうか。


感動するということは、国家を支える仕事を国民としてバックアップできることです。

ここに男の生き甲斐を感じないで、人生があるわけがありません。

ここに人間として国家的責任と使命を感じないで、どこで感じることができるでしょうか。

職業会計人は、素晴らしい仕事なのです。

赤字を放っておいて、平気でいられるわけがありません。

コロナ禍が、それを教えてくれたのです。

事務所改革の出発点にしましょう。

私でよければ、いつでもお伝えします。

会計事務所55年の集大成として

新型コロナは、そう簡単には収まらない。

余程の覚悟をもって対処しなければ、事務所経営もままならない。

では、どうすればいいのかと私は考え続けました。


それで出てきた答えが「経営参与になる」ことでした。


「言うは易し、行うは難し」の言葉通り、経営参与と名乗る以上、経営参与たる働きをしなければならないわけですが、それは簡単な事ではありません。

しかし、実践断行しなければ、勝ち残っていけない。

やるしかない。

と決意して「経営参与事務所」になることを宣言しました。


しかしそれは、単なる思いつきではありません。

55年という長い年月をかけて――その都度全力で取り組んできたことから――身をもって感じて来たことが、集大成として生まれたものです。

今から50年前、恩師 飯塚毅先生は次のように言われていました。

「未だに記帳代行で、飯が喰えると思っているバカな税理士がいかに多いか。皆さん方は例外ですがね……」と。

50年前と言えば、記帳代行が当たり前の時代です。

私も、その一人でした。

この先生の燃えるようなお話しを聞いて、私はTKC会員になり、現在に至っています。

先生への報恩感謝として、顧問先の期待に応えられる立派な経営参与事務所に生まれ変わっていきたいと思っています。

『主体性の確立をせよ!!』を生き方の柱に

私は、TKC入会当初、恩師 飯塚毅先生から『参禅入門』(大森曹玄著)という題名の本をいただいております。

それにはメッセージが添えてあり、私は心からの感動を得たことを、今も鮮明に覚えています。

それが、次のメッセージです。

贈　四六・四・二三
公認会計士　飯塚毅

会計人としての真の大成のためには、貴兄が人間として、主体性の確立を計られる必要があると考えます。この書がその契機となれば幸いです。

神野先生

その後、幾度となく恩師 飯塚毅先生の火を吐くような激しい言葉や助言に接してきました。

先生の激しい言葉の中には、祈りにも似た「慈悲の心」、すなわち
「優れた会計人に成長してほしい」

という願いを感じました。

それに少しでも近づきたい。

そう決意した私は、今も「主体性の確立」を生き方の柱にしています。

中小企業を守る使命感が我々職業会計人にはあるかを今こそ自らに問おう!!

「主体性の確立」を職業会計人に当てはめると、指導者となって中小企業を存続・発展させる使命を果たすことに繋がります。

新型コロナの影響、政府の中小企業対策「生産性を上げるために整理統合する」との方針を待つまでもなく、中小企業は現実問題として存続の危機にあります。


日本は、中小企業でもっています。

まずやるべきは、中小企業を元気にすることです。

赤字企業を黒字企業に変えることです。


政府がM&Aを促し生産性向上を図ったとしても、一足す一には単純には実現することにはなりません。

頭だけの計算で、組織や国家の仕組みを変えることは簡単ではないのです。

ところが政府と官僚は、計算通りになると思っているらしいのです。

それは、現場のこと、そこで働く人のことを忘れているからです。

そうした国の政策がいかにあっても、中小企業を守らなければ日本の将来はありません。

では、その中小企業を誰が守るのでしょうか。

それは、中小企業を職域にして、そこに運命を賭けて取り組み経営指導ができる職業会計人・税理士ではないでしょうか。


記帳代行をやっている会計事務所は、どうでしょうか。

私は、その事務所の所長からはもちろん、そこで働く職員から経営のケの字も聞いたことがありません。

記帳代行の会計事務所は、前述したように「なんで我々が経営の話をしなければならないのか」と反発をしています。

それだけでなく「赤字は赤字でいいんじゃないですか」と言う始末です。

なぜでしょうか。

顧問先を守ろうという意識がない、というより顧問先のことが頭にないのです。

それでは、職業会計人が存在する意味がなくなります。

何度も述べますが、職業会計人の使命は中小企業を守ることです。

職業会計人の関わり方で、赤字会社を黒字会社にすることは可能です。

黒字会社作りは、中小企業を守り国家を支えます。

私共の事務所では、先駆けて顧問先の寄り添いザムライとして、職業会計人の役割を果たすべく努力してきました。

そして現在は、
顧問先は、絶対に潰しません。

我々がいる間は絶対に潰させません。

と、決意して職務に当たっています。

経営参与事務所に行きついた私の決意

私はＪＰＡ総研第55期（令和2年7月1日）より、会計事務所から経営参与事務所に変身することを、全社経営計画発表会に於いて発表したところです。

勝ち残りをかけた、まさに大変身の決意を伝えたのです。

その時のレジメを少し紹介します。

1．新型コロナウイルスの影響で、顧問先である中小企業は塗炭の苦しみに陥っています。今こそ、我々は顧問先企業を己れ自身と思い、経営者になくてはならない親身の相談役として、顧問先を守り、存続させ、発展させていくことに徹する時です。この役割を果たすのが他ならぬ「経営参与」です。具体的な仕事は、我々が従来から行ってきた「中是優良企業造り」の徹底です。

2. 一つ目は申告是認業務です。FX４クラウドを駆使し、顧問先企業自らが適切な経理処理が出来るよう指導し、効果的な巡回監査を行い、主査はその経理処理が正しいという事を書面添付と適時性処理証明書により証明し、税務当局や金融機関等に保証してゆくという事が主体になっていきます。

3. 二つ目は経営上の様々な問題を、今日現在に至るまでのクラウドのデータ等を参照し、経営計画数値とのズレなどを経営者に質問し、その原因やそれに対する具体的な方策を徹底して聞くことです。メモを取ることを忘れないように。

4. 50年前、試算表を作成し、決算書、申告書を作るだけの会計事務所は、今ではIT革命、AI時代になりロボットがやる時代にとって変わりました。顧問料5、０００円位のロボット会計事務所がほとんどになるかもしれません。
ロボットなら24時間年中無休で働くことが出来ますから、それなりに採算は取れるでしょう。

しかし、この厳しい現実に、毎日直面する中小企業の経営者が真に求めているものはロボットが作った安価な試算表や決算書でないことは明白です。自分と一緒になって会社の事を親身になって考えてくれる経営参与その人を求めていることは間違いないでしょう。

5．この55期から、我々日本パートナー会計事務所は、経営参与事務所に大きく変身していきます。それは、会計で経営を強くするのではなく、経営に会計を生かし、何としてでも中小企業を守り、存続、発展させていく役目が我々なのだ、という強い使命感に基づくからです。

6．社員の一人一人が顧問先を己れ自身と考え、様々なリスクに対応し、顧問先を守り抜くことに徹していけば、必ずなくてはならない存在として信頼される「経営参与事務所」になっていきます。ＪＰＡの社員として真に誇れる業務がまさに「経営参与」だと確信します。

赤字を垂れ流す会計事務所とは決別する

赤字を垂れ流して何も改善の手を打たない職業会計人は、本来業務から言えばその存在価値は、ごくごく低いものになっています。

私は、そうした会計事務所のあり方は、認めません。

我々の職域は中小企業です。

中小企業は、国家も支えています。

国家を支えているというのは、中小企業が黒字であることです。


我々は、黒字会社づくりに、30年間本当に努力してやってきました。

一言で言えば、経営指導をやってきたわけですが、それを担当する職員の育成が今までも、これからも大きな課題です。

経営者でない職員が、経営者と一緒になって将来を考え、しかも経営者に頼られる人物にならなければ、経営指導と言ってもそれは絵に描いた餅になってしまいます。

「職業会計人は指導者足り得るか」

「顧問先を己自身と思えるか」

という教えを受けて、寄り添いザムライを合言葉でやってきました。

寄り添いザムライとは、経営参与になり切ることです。

経営参与とは、社外重役的立場の職業会計人が、まさに経営者におもてなしをするために寄り添って取り組むことです。

寄り添いザムライとして、コロナによる日本経済の大不況、押し寄せる世界の大恐慌の中で、国家資格を持つ我々は何ができるのか。

また日本は、世界に対して何か役立つことはあるのか。

あるとすれば、世界に日本の存在を高めていけるのは何だろうか。

と、私は考えました。


国家を支える中小企業を大事にする。

中小企業を黒字化し、国家財政に貢献する。

そうした姿を国の内外に発信できる企業群を作っていく。

黒字化を自分事として、世界の同業者会計人にも訴え、恐慌に対処する呼びかけをする。

黒字会社の力を持って、世界を明るくしていく。


そうした責任が日本国家にあるのではないか。

その礎にあるのは、実は我々職業会計人・税理士であると確信しています。


このような思いのもと、会計事務所を改め経営参与事務所になることを決意したわけです。

今までの地道な努力が、花開く時代になったと思っています。

経営参与事務所は経営者の強い味方になる

花開くのは、我々の事務所だけではありません。

経営参与事務所は、中小企業の強い味方になることは間違いありません。顧問先を守るという強い使命感から生まれているからです。

逆に言えば、それが出来なければ、経営参与の資格はないということになります。経営参与は、常に勉強し顧問先から必要とされる存在にならなければ務まりません。経営者に寄り添うわけですから、常に真剣勝負です。

では、どういうことが強い味方になるのか、列記してみました。

・経営計画書を作るにあたり、創業の手伝いはもちろん、会社の存続、黒字化計画等を基礎に細かい指導ができることで経営者にとっての強い味方になります。

・資金繰りは、経営者の頭から離れることはありません。いざという時に頼るのは銀行です。TKCの決算書は銀行から大きな信頼を得ているので、経営者にとっては強い味方になります。

・東日本大震災やコロナ禍における公的資金の申請、それに即対応できる事務所は、経営者にとって大きな味方になります。我々は、その実践者であると確信します。

・経営は常に決断の連続です。しかも自分の決断で会社の行く末が決まるわけですから、責任重大です。即、決断を迫られることもあります。販売、人事そして資金繰り、将来に備えての問題など、全て緊急対応策の難題を抱えています。
そういう時に、蓄積された知識、知恵と共に、戦略マシーンから導きだされた資料を基に、経営者参与として本音で話ができる。そういう存在は経営者にとって、大きな味方です。

・成功事例が沢山ある事務所は、経営者にとって頼れる存在になります。

・申告是認は、税務調査なしを意味し、経営者は仕事に専念できます。

・現在の経営だけではなく、将来に向けた経営、経営者を含めた家族全員、社員の将来を考えた経営の相談をまるごとできる事務所は、経営者にとって強い味方になります。

・経営者と一緒になって経営を考えてくれる経営参与は、他人ではなくもはや経営陣の一員です。ですから本音で話ができます。時には経営者の代弁者ともなって、経営者の強い味方になります。

・買った、売ったというM&Aではなく、人格承継による事業の承継は、特に企業の永続を願う創業者にとって強い味方になります。

顧問先の発展に寄与できる事務所が、顧問先にとっての強い味方になるわけです。

経営を語れなければ経営参与にはなれない

経営参与事務所になるということは、今まで通りではないということです。

誰もがすぐに経営参与の実践者になれるわけではありません。

今までの仕事が半分、後の半分は経営参与業務です。


経営参与業務を伸ばしていくには、経営を語れる人財が必要です。

今までの経験からすると、経営を一番知っているのは金融機関です。

従って、金融機関の人を職員として採用していく予定です。

その一つは、私共の事務所の職員として、もう一つは顧問先の社長に後継者の候補として紹介することです。

後継者候補とは、人格承継で会社の存続を図るものです。

これを積極的に進めていきます。


新しいことに挑戦するには、我々も勉強していかなければなりません。

改革すべきことも、改革していかなければなりません。

当然、我々の事務所でも改革が絶対必要条件です。


経営参与になるためには、顧問先の社長の声を聞き、その思いに応える力が必要です。

時には、顧問先の社長が気づいていないことをアドバイスすることも必要です。

私共の事務所では、多くの実績を積んでいるので、勉強する気になれば他の事務所では学べない大切なことも学べます。


社長は、日々経営を考え、問題を抱えているものです。

どうやって会社を改革改善していけばいいのか。

資金繰りはどういうふうにしていけばいいのか。

資金繰りのポイントは何なのか。

経営計画書をどのように作成すればいいのか。

またそれをどう経営に位置づけ生かしていくのか。

どう営業を展開していったらいいのか（販売なくして事業なし）。

人の問題をこれからどう考えていったらいいのか（事業は人なり組織なり）。


経営参与になれば、こういうことを社長に聞かれます。

これができなければ、経営参与の使命は果たせません。

私共の事務所でも、こうしたことをはっきり職員に伝え、経営参与の役割を果たせるように徹底して取り組んでいるところです。


経営参与になれるのは、職員としての長さではありません。学ぶ姿勢と志、使命感を持っているかどうかです。

長年仕事をしていても、経営のケの字も言わないような職員は資格がありません。

そういう人に限って、これ以上私に何をやれというのですかという考えを持っています。

その考えを直さないと経営参与はできません。


会計事務所も経営参与業務をやるためには、心機一転の改革が必要です。

効率化と言って、コンピューターを取り入れたまでは良かったけれども、自動仕訳によって「もう、あなたの事務所に依頼する必要はなくなりました」と言われてしまいます。

変わろうとしない職員、会計事務所は、未来に繋がる大切な道を、自分で塞いでいると同じです。

自ら変わらなければ、道は拓かれません。

60年積み上げた実績がコロナ禍に間に合った

ＪＰＡ総研グループは、経営参与グループに生まれ変わることを宣言しました。

それは職業会計人として行きついた、私共の結論なのです。

我々の使命は、中小企業を守り切ることです。

そして納税の手続きをすることです。

それを「自利利他」「光明に背面なし」の精神でやりなさいと、恩師 飯塚毅先生に教わりました。

何事も、すぐに成し遂げられるものではありません。

日々積み重ねていくことが大切です。

それによって、徐々に体制が整って行くと思っています。

私は何かを始める時には、常に「悲観的に考え、楽観的に行動」を心掛けています。

それを60年続けてきて、経営参与こそ職業会計人が勝ち残る道だと確信するに至ったのです。


そこに、新型コロナウイルスの感染拡大が始まりました。

令和2（2020）年3月には、緊急事態宣言が出され、人の移動が極端に減りました。

令和3年になっても、いつ終息するか全く分かりません。


そんなコロナ騒ぎと同じ時期に、決意新たに打ち出したのが経営参与です。

100年に一度というこの大変な時期に、経営参与として歩み始めたわけです。

率直に言って、我々の戦略、戦術が「間に合った」と思いました。

60年間、真面目にやってきたことは間違いでなかった。

まさかコロナが我々の体制が整うのを待っていてくれたとは思えないけれど、そう言ってもおかしくないタイミングだったのです。


そう断言できるのは、私には恩師 飯塚毅先生の教えがあったからです。

経営参与として職務を果たすことが、先生への恩返しになると思っています。

恩師 飯塚毅先生の教えの伝道者であり続けたい

私の税理士人生は、恩師 飯塚毅先生の教えを抜きにしては考えられません。

新型コロナウイルスによって、今後どういう状況になるか分かりません。
客観的な経済減少として30％と叫ばれていますが、それに打ち勝つ。
どんなことがあっても負けない。
諦めない。
勝ち抜いていく。
ＪＰＡ総研グループの代表として、それに挑戦していきます。

AIがいくら進んでも、税理士がますます必要とされる役割があります。
中小企業を守るのは、AIではなく人間です。
最後の勝負は、人間です。
それが、職業会計人の我々です!!

恩師 飯塚毅先生の教えを受けてから50年、コツコツと実践してきました。

職業会計人として歩んできた道は、間違いなかったと確信しています。

そして強く思うことは「飯塚毅先生の教えやＴＫＣのツールは、それらを実行した人にのみ恩恵がもたらされる」ということです。

その恩恵を受けた私は、飯塚毅先生の教えがいかに素晴らしく、ＴＫＣのツールがいかに優れていることかを世に知らしめる、伝道者であり続けたいと願っています。

ビジョンなき国家・組織は崩壊する

ビジョンとは、組織のあるべき姿、めざす方向を示すものです。

組織に属する者は、ビジョンによって将来を思い描くことができたり、今はきついが頑張れば夢が叶うなどの希望が見えてきます。

ビジョンがないと、夢も希望もなくなり、将来の不安が募ってしまいます。

したがってやる気をなくし、崩壊するということになるわけです。

ビジョンで最も重要なのは、誰がビジョンを描くかということです。

それはリーダーです。

リーダーが組織の運命を握っているということです。


運命を握っているということは、組織をいかにして守るかということです。

守るにしても、嫌いなものは守る気持ちは出てきません。

守るべきものを好きになること。

愛情を持つことは非常に大事です。

飯塚毅先生の「お前は俺なんだ」というのは愛情の現れです。


では、守るために何をするか。

決して切り離せないのが、国で言えば税収の確保であり、企業で言えば利益です。

飯塚毅先生が「記帳代行では飯が喰えなくなる」と警告したのは、自分たちの職域を守り、職員を守るために、税理士・職業会計人としての本来業務に切り替えなさいということでした。


それを行うに柱となるのが、何度も言いますが「自利利他」です。

自利とは利他を言う。

自利と利他は一体。

顧問先を守ることが、事務所防衛になるということです。

その思いをリーダーが持てるかどうかです。

リーダーは、やはり「俺がやらなきゃ誰がやる。今やらなきゃいつできる」でなければなりません。

この言葉は、自分に対する力強い激励です。

自分のやるべきことは、自分でやるしかありません。

事務所を守る、会社を守るのは、そのトップがやる以外、誰もやってくれません。


組織はリーダーで決まります。

リーダーにビジョンがなければ、その組織は崩壊します。

税理士として、職業会計人として、ＴＫＣ50年のフロントランナーとしてお訴え申し上げたい。

コロナ禍を事務所革新の機会と捉え、誇りある国家的、社会的役割・使命を果たして参りましょう。


私としては、今後、「経営塾」をやり、「後継者塾」をやり、一回しかない人生の「神の塾」をやり、恩師 飯塚毅先生へのご恩返しをしていきたいと思っています。

おわりに ── 我が想いを次世代の職業会計人に繋げたい

なぜ私が、この本を書くことにしたのか。

それは、日本国家がこのままでは、本当に危ないと思っているからです。

平成25（2013）年3月、8年前になりますが、私は『TKC創設者に学ぶ　職業会計人の経営維新　今こそ真に役立つ指導者足れ!!』を出版しました。

今回はその第二弾になるわけですが、前書と比べると私の危機感が強く出た本になりました。

政府が進める200万社淘汰の中小企業改革は、ある意味正しいのですが、国として重要なことは税収を確保することです。

税金は、政治の鏡であり、国家の背骨です。

税収を考えない改革は、国力を弱くし、国の安全、ひいては国民の命を守ることができなくなります。

それに対して日本政府は、何か打つ手を考えているでしょうか。

是非とも、単なる統合整理ではなく中小企業が元気になる改革をして欲しいと願っています。

そう願えば願うほど、中小企業を守り国家を支える使命を持つ我々職業会計人・税理士の使命がいかに大きいかを強く感じます。

我々は、その使命を果たしているでしょうか。

いや、果たさなければなりません。


皆さんは、新型コロナをどのように受け止めていますか。

私は、今までおざなりにしてきたことが、目に見える形で明らかになったと思います。

我々の業界で言えば、中小企業の赤字と、記帳代行型事務所の実態です。

コロナが来なければ、この二つの問題は、何の責任を問われることなく終わっていたかもしれません。

しかしコロナは、赤字の原因を明らかにし、記帳代行型事務所を根本から見直さないと、もうやっていけなくなるという現実を見せてくれたと思うのです。

中小企業の経営者は、本当に苦しみ悩んでいます。

それなのに、職業会計人・税理士が、帳面屋、決算屋、申告屋でいいのかということです。

根本から見直すというのは、例えば景気が良くなるまで我慢していれば、何とかなるというようなことは、もうこれからはないということです。

もう花を求める時代は終わっています。

本文で、過去会計ではなく未来会計をと述べましたが、自らの立ち位置を未来に置き、そこで描いたビジョンを実現すべく、顧問先の社長と一緒になって新しい花（仕事）を咲かせていかなければならない時代なのです!!


顧問先が赤字なら、まず新しい花を咲かせて黒字化する。そこから優良企業に導いて行く。それによって健全な企業が誕生します。

そうなれば、社長の喜ぶ姿が浮かんでくるはずです。

それは、職業会計人・税理士にとっても喜びであり、自分の仕事にやり甲斐と誇りが生まれるはずです。

しかも、それが自分の事務所防衛に繋がり、国家を支えていくことになるわけですから、なんと生き甲斐のある仕事でしょうか。

私にとって、男の生き甲斐であり、悔いのない人生を送る仕事そのものです。


顧問先の社長と共に歩んできた60年間、その仕上げが社外重役として使命を果たす経営参与になることなのです。

その想いは、中小企業を守り、国の支え人となる強い願いから来ています。

その願いを託した本書は、次世代に繋ぐ私の遺言でもあります。

夢、ロマン、ビジョンを持って共に邁進し、国を支え守って参りましょう。

最後に幕末の蘭学者・佐藤一斉先生の哲学的心の檄を紹介します。

一灯をひっさげて暗夜をゆく
暗夜の暗きことを憂えるなかれ
ただ一灯を信ぜよ！

しからば一灯とは何か。それは恩師故飯塚毅先生の教え「自利利他」であり「光明に背面なし」の二大哲理であると確信します。

神野宗介

JPA総研経営参与グループ　沿革

昭和41年	神野税務会計事務所 創設
昭和51年	株式会社 日本パートナー会計事務所 設立
昭和60年	郡山事務所 開設（所長 宗形税理士事務所）
昭和61年	神田事務所 開設（所長大須賀税理士事務所）
平成 2年	多摩支社 開設（所長 田制税理士事務所）
平成 3年	福島事務所 開設（所長 安徳税理士事務所）
平成 5年	JPAあだたら研究所 開設
平成 7年	パートナー税理士職員70名
平成 8年	創立30周年
	代表取締役会長 神野宗介 就任
	代表取締役社長 田制幸雄 就任
平成 9年	中小企業家・資産家のための悩み事よろず相談所 開設
平成13年	創立35周年
	横浜支社 開設
平成14年	日本パートナー税理士法人 設立
	代表社員税理士　神野宗介
平成15年	日本パートナー社会保険労務士法人 設立
平成16年	現住所へ本社 移転
	JPAむさしの研究所 開設
平成17年	日本パートナー行政書士法人 設立
平成I9年	渋谷支社 開設
平成21年	吉祥寺支社 開設
平成22年	二本松支社 開設
平成23年	代表取締役社長　大須賀弘和 就任
平成24年	仙台支社 開設
平成25年	ホノルル支社 開設
平成28年	創立50周年
平成30年	ホノルル支社 移転
令和 元年	立川支社 移転
令和 2年	取締役社長　安徳陽一 就任

事　業　所	本部、立川、横浜、渋谷、郡山、 福島、二本松、仙台、ホノルル JPA あだたら研究所、JPA むさしの研究所
関 連 企 業	日本パートナー社会保険労務士法人 日本パートナー行政書士法人 株式会社 JPA 国際コンサルタンツ 株式会社 JPA 総合研究所 株式会社パートナーバンク 21 株式会社 JPA 財産クリニック 一般社団法人危機管理コンタルタンツ
所 属 団 体	東京税理士会・東京地方税理士会 東北税理士会・税務会計研究学会 日本租税理論学会 日本中小企業家同友会 中小企業研究学会 租税訴訟学会 TKC 全国会・社会保険労務士会・行政書士会 JPA 総研グループ友の会・オンリーワンクラブ JPA 志士の会 不撓不屈の会

JPA 総研経営参与グループ　会社概要

叡智と勇気と情熱の飽くなきチャレンジ精神と
鉄の団結で取り組むプロ集団

経営理念	自利利他の実践 当事者意識の貫徹 不撓不屈の精神 生涯勤労学徒である おもてなし業に徹する
社名	日本パートナー税理士法人 株式会社 日本パートナー会計事務所
創業	昭和 41 年 2 月
本社	東京都千代田区神田駿河台 4 丁目 3 番地 新お茶の水ビルディング 17 階
代表者	JPA グループ代表 税理士 神野宗介
代表	株式会社 日本パートナー会計事務所 取締役社長 税理士 安徳 陽一
役員	取締役 16 名　監査役 2 名　顧問 3 名
社員	男性 74 名　女性 31 名 パートナー顧問 10 名

本社・支社 所在地

本社・支社
〒101-0062 東京都千代田区神田駿河台4丁目3番地
新お茶の水ビルディング17階
TEL 03-3295-8477 (代表) FAX 03-3293-7944

渋谷支社
〒151-0051 東京都渋谷区千駄ケ谷5丁目23番地13号
南新宿星野ビル1階
TEL 03-5369-2030 FAX 03-5369-2050

多摩本部・立川支社
〒190-0012 東京都立川市曙町2丁目22番20号
立川センタービル10階
TEL 042-525-6808 FAX 042-525-2459

横浜支社
〒221-0835 神奈川県横浜市神奈川区鶴屋町2丁目23番地2号
TSプラザビルディング12階
TEL 045-317-1551 FAX 045-317-1552

郡山支社
〒963-8043 福島県郡山市名郷田2丁目36番地
TEL 024-923-2505 FAX 024-923-8099

福島支社
〒960-8131 福島県福島市北五老内町7番地5号
ISM37ビル301号室
TEL 024-503-2088 FAX 024-531-8100

東北本部・あだたら支社
〒964-0891 福島県二本松市大垣148番地
TEL 0243-22-2514 FAX 0243-22-3115

仙台支社
〒980-0021 宮城県仙台市青葉区中央2丁目2番地10号
仙都会舘4階
TEL 022-748-5641 FAX 022-748-5642

Hawaii Office
1357 Kapoilani Blvd. #920 Honolulu, HI96814
TEL 808-589-0999

～プロフィール～

神野 宗介　法学修士・尚美学園大学大学院 元教授
税理士・経営管理士・社会保険労務士・行政書士

昭和１６年　６月　福島県二本松市大壇に生まれる
昭和４０年　３月　中央大学商学部卒業
昭和４０年　８月　税理士試験合格
昭和４１年　２月　神野税務会計事務所　開設
昭和４５年　６月　株式会社　ＴＫＣ入会
導入委員・システム委員・研修所常任講師・ＴＫＣ東京中央会会長・ＴＫＣ全国会副会長を歴任
昭和５１年　１月　株式会社日本パートナー会計事務所　設立
代表取締役社長　就任
昭和５１年　２月　社団法人青年会議所運動に没頭し、二本松ＪＣ理事長・日本ＪＣ企業コンサルティング部会長を歴任
昭和５９年１２月　青年会議所を卒業し、同年、同友会運動に参加
その間、福島県中小企業家同友会副理事長を歴任
経営管理士・社労士・行政書士に登録、ＪＰＡ士々の会を結成活動中
平成　元年　４月　福島県中小企業経友プラザ代表幹事、異業種交流カタライザー登録
平成　９年　８月　株式会社日本パートナー会計事務所代表取締役会長　就任
平成１４年　３月　中央大学法学部大学院法学研究科博士号修士課程修了
平成１９年　４月　尚美学園大学大学院　総合政策研究科教授　就任
平成２３年１０月　日本総合租税実務研究会会長　就任
平成２４年１０月　日本戦略経営研究会会長　就任
現　　在　税務会計研究学会正会員　租税理論学会正会員　日本税法学会正会員
日本税務会計学会会員　日本中小企業学会正会員
アジア経済人会議会員　会計事務所後継者問題研究会会長
全日本人事ＭＡＳ協会理事長
ＪＰＡ総研グループ
㈱日本パートナー会計事務所　代表取締役会長
日本パートナー税理士法人　代表社員
日本パートナー社会保険労務士法人　代表社員
日本パートナー行政書士法人　代表社員
㈱ジェーピーエー国際コンサルタンツ　代表取締役会長
㈱日本パートナーバンク２１　代表取締役会長
㈱ＪＰＡ財産クリニック　会長
ＪＰＡ士々の会会長
ＪＰＡハッピーエンディングノートを広める会　会長

新型コロナ禍本番の今!!
職業会計人として中小企業を全力で守り切ろう！
今こそ利他の心で経営者の寄り添いザムライたれ!!

令和3（2021）年4月30日　第1刷発行

著　者　神野 宗介
発行者　斎藤 信二
発行所　株式会社 高木書房
〒116-0013
東京都荒川区西日暮里5-14-4-901
電　話　03-5615-2062
FAX　03-5615-2064
装　丁　株式会社インタープレイ
印刷・製本　株式会社ワコープラネット

乱丁・落丁は、送料小社負担にてお取替えいたします。
定価はカバーに表示してあります。

　Printed in Japan　ISBN978-4-88471-465-9　C0034